DAVID STIFTER

OGAM

LENGUA | ESCRITURA | EPIGRAFÍA

PRENSAS DE LA UNIVERSIDAD DE ZARAGOZA

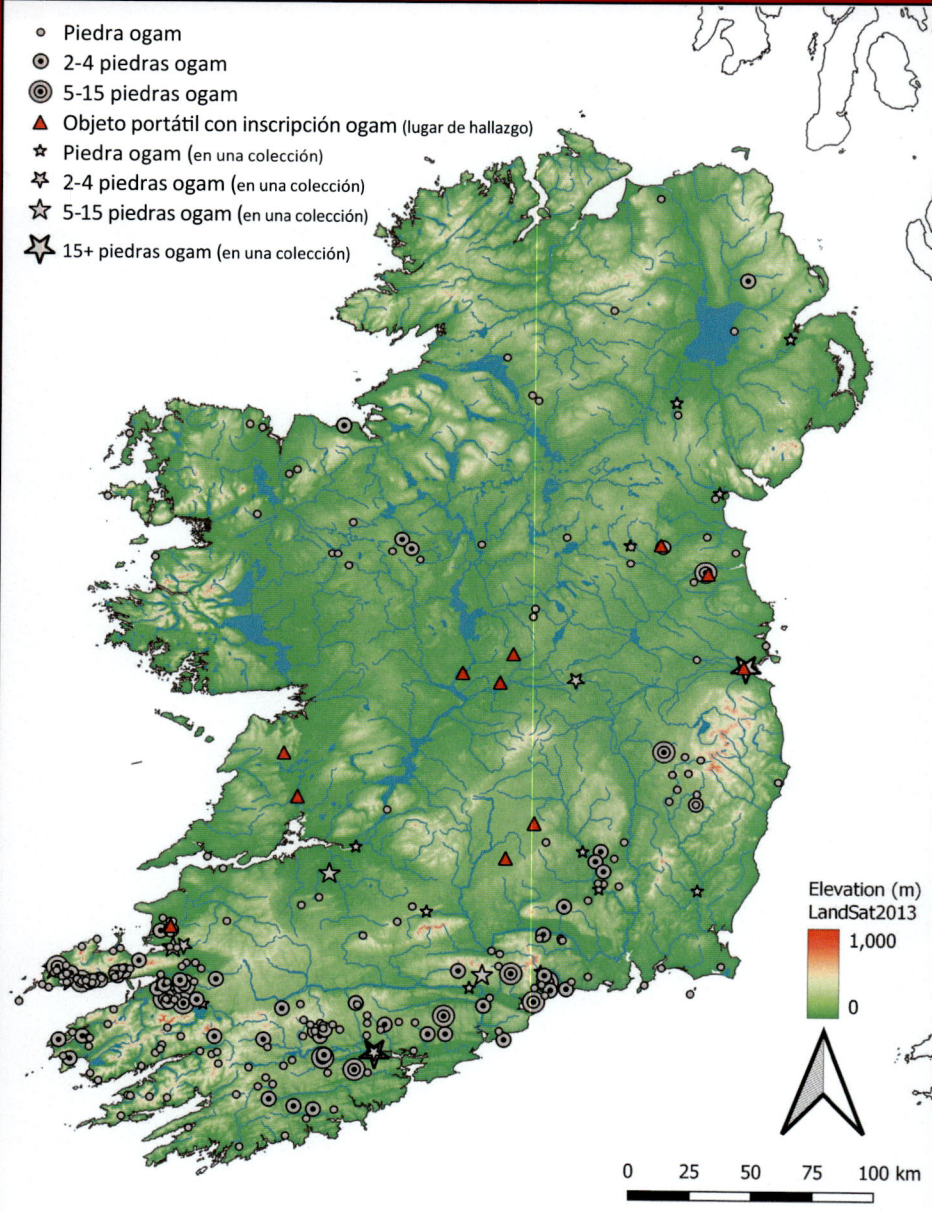

Leyenda del mapa:

- ○ Piedra ogam
- ◉ 2-4 piedras ogam
- ◎ 5-15 piedras ogam
- ▲ Objeto portátil con inscripción ogam (lugar de hallazgo)
- ☆ Piedra ogam (en una colección)
- ⚝ 2-4 piedras ogam (en una colección)
- ☆ 5-15 piedras ogam (en una colección)
- ✬ 15+ piedras ogam (en una colección)

Elevation (m)
LandSat2013
1,000
0

0   25   50   75   100 km

MAPA 1. DISTRIBUCIÓN DE LAS INSCRIPCIONES OGAM EN IRLANDA.

Ogam es el nombre que recibe un ingenioso sistema de escritura usado para representar la primitiva lengua irlandesa. Empleado sobre monolitos de piedra, el ogam floreció entre los siglos V y VII d.C. y siguió usándose posteriormente de manera esporádica en monumentos y manuscritos para escribir el irlandés antiguo, el descendiente directo del irlandés primitivo, y también las lenguas gaélicas medievales y modernas. Incluso hoy en día, la escritura ogámica funciona como un elemento cultural que sirve para representar, cuando no para construir, la propia identidad irlandesa. En este libro, se empleará la ortografía *ogam* derivada del irlandés antiguo (pronunciado [ˈoɣəm], con un sonido g similar al español o al neerlandés). Esta se encuentra junto a la forma equivalente y más común *ogham* (pronunciado [ˈoːm]), en irlandés moderno. En textos medievales también pueden encontrarse grafías como *ogom* y *ogum*. Estas diferencias corresponden a maneras alternativas de representar la vocal *schwa* en la segunda sílaba. La palabra *ogam* puede referirse tanto al peculiar alfabeto en sí mismo como a las inscripciones realizadas en dicha escritura.

El término ogam recuerda a la figura mitológica irlandesa medieval Ogma, un personaje de fuerza extraordinaria que, sin embargo, en ningún pasaje de la literatura irlandesa medieval aparece vinculado al arte de la escritura. El nombre de Ogma es, de hecho, una reminiscencia de la figura mitológica gala Ogmio (Ὄγμιος), que es mencionado por el autor griego Luciano de Samosata (*c.* 125-180 d.C.) como un *psychopompos,* un guía que conduce las almas de los hombres con el poder de su lengua. Ogmio también es nombrado como señor del inframundo en dos tablillas de execración latinas tardoantiguas procedentes de Bregenz (Austria). La relación de estas figuras con el alfabeto ogam

* Este libro se ocupa principalmente de las inscripciones irlandesas ogam "clásicas" de los siglos V-VII. El pequeño pero variado *corpus* de inscripciones de Escocia no se analiza en detalle. Las referencias en este libro se indican en la forma *CIIC* X, donde X es el número en el catálogo de Macalister publicado en 1945. Las transcripciones se realizarán de dos maneras: una corresponde al irlandés primitivo temprano, la fase inicial de la escritura ogam, entre el siglo IV y principios del V d.C., y la otra al irlandés antiguo (siglo VIII d.C.). El contraste entre ellos da una idea de las transformaciones que sufrió la lengua irlandesa en ese lapso de tiempo.

permanece un tanto confusa. Ninguna de ellas tiene una conexión obvia con la escritura. Ni tan siquiera es universalmente aceptada la relación entre el nombre antiguo *Ogmios/Ogmius* y el irlandés antiguo *Ogma*. Si efectivamente existiera esa vinculación, constituiría una fuerte evidencia de la existencia de una figura divina pan-céltica, sobre cuyas características y atributos poco podría decirse.

La etimología del término ogam es discutida. Una posibilidad es rastrearla hasta el proto-céltico *ogmos,* un obvio cognado del griego ὄγμος, 'surco, curso de los cuerpos celestes, franja' y del védico *ájma-,* 'curso, huella', ambos remiten al proto-indoeuropeo *h_2óĝmo-*. Esta etimología implicaría que el grupo proto-céltico *gm fue retenido como tal en la lengua irlandesa, lo cual es rebatido por algunos académicos, si bien con fundamentos débiles. La raíz subyacente es la indoeuropea *h_2eĝ-, 'conducir, impeler'. Los significados de las palabras griega y sánscrita pueden combinarse en un significado básico 'curso o surco', lo que proporciona una motivación semántica razonable para la escritura ogámica. Sus caracteres consisten en 'surcos' incisos en la piedra, que son, por así decirlo, las 'huellas' que deja el cincel. Si los nombres Ogmio y Ogma realmente estuvieran relacionados con esta palabra, algo verosímil dada la similitud formal, deberían interpretarse como adjetivos con el significado 'que tienen que ver con huellas, surcos'. Sin embargo, esta explicación aclara poco sobre los atributos de ambas figuras mitológicas.

CONTEXTO HISTÓRICO-GEOGRÁFICO

Se conocen aproximadamente unas 500 inscripciones ogam procedentes de Irlanda y de aquellas partes de Gran Bretaña en las que hubo asentamientos irlandeses durante la Antigüedad Tardía y la Alta Edad Media, incluyendo no solo Escocia y la Isla de Man, donde las lenguas gaélicas que descienden del irlandés primitivo se siguen hablando hoy día, sino también Gales, Cornualles y Devon, donde los asentamientos irlandeses no sobrevivieron a la Alta Edad Media.

La distribución geográfica de las piedras ogam es muy desigual, tanto entre los distintos países como en el interior de ellos. En Irlanda, que posee el grueso de las inscripciones, existen unas 400 piedras. Gales tiene unas 40, mientras que de Cornualles y Devon en conjunto procede media docena. En Inglaterra solo se conoce una piedra inscrita. En Escocia, seis inscripciones provienen de la tradicional zona gaélico-parlante de Dál Ríata (actual Argyll) y una treintena de los antiguos reinos pictos, en particular de la costa oriental y las islas Orkney y Shetlands, algunas de las cuales podrían recoger una lengua no irlandesa.

En Irlanda, las inscripciones ogam se encuentran sobre todo en el sur de la isla, en un amplio arco que se extiende desde el sudoeste, con una importante concentración en Kerry, a lo largo de la costa meridional hasta Wexford,

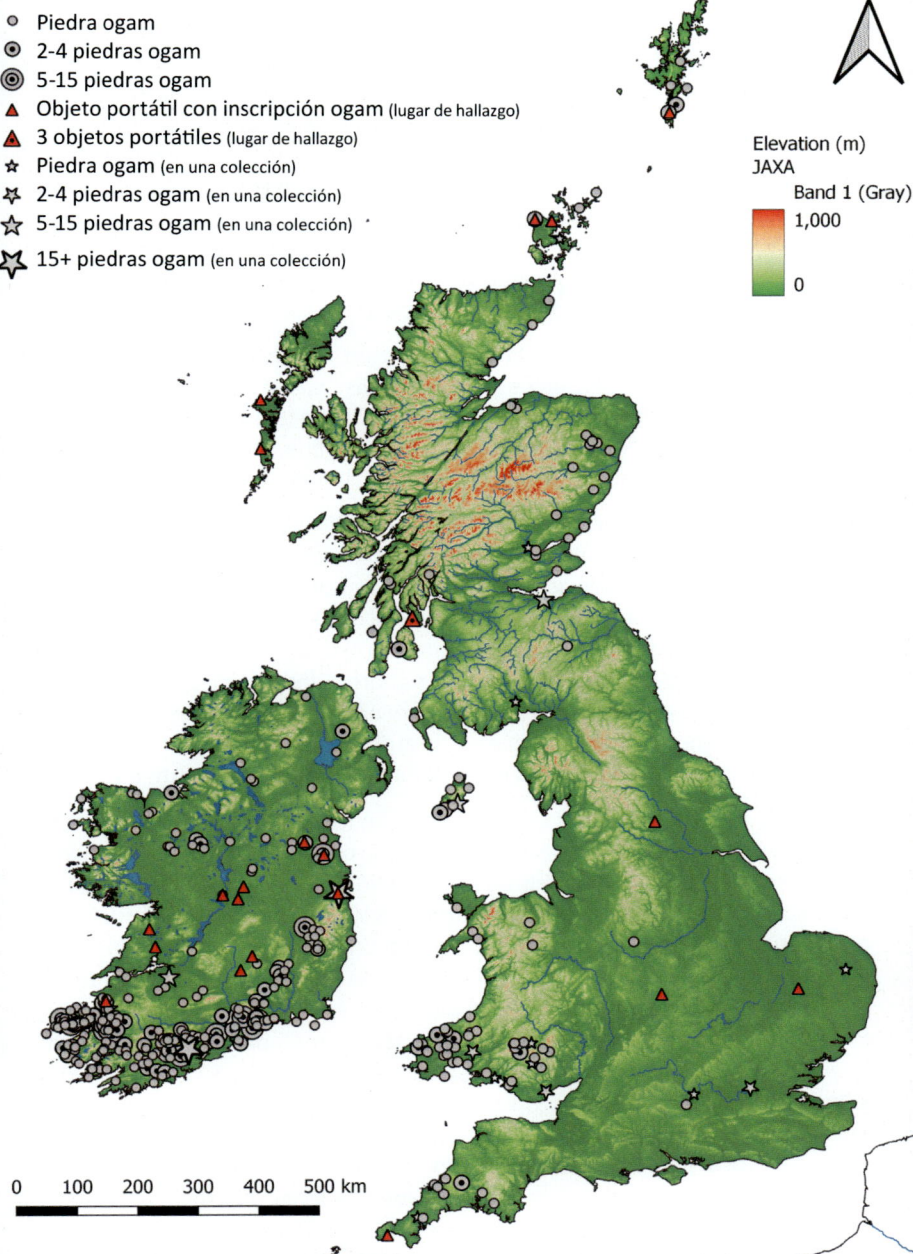

Mapa 2. Distribución de las inscripciones ogam en Gran Bretaña.

extendiéndose desde allí hacia el norte a través de los condados de Kilkenny y Kildare, al oeste de las montañas Wicklow. En el sur, el área de Waterford-East Cork tenía una antigua vinculación dinástica con Gales, lo que podría haber servido como canal de transmisión para esta peculiar escritura. En Gales, las piedras se concentran en el sudoeste, pero también en el noroeste, especialmente en Angelesey. Aunque el uso del ogam constituye un claro rasgo cultural de ciertas regiones, la distribución de las inscripciones depende también de factores materiales, como puede ser la disponibilidad de piedra adecuada, con la dureza suficiente como para no romperse en sus bordes.

Los siglos V y VII son el culmen de la tradición ogam. Las inscripciones de este período constituyen lo que se conoce como el *corpus* "clásico" del ogam (conocido también como "ortodoxo"), en tanto que las piedras posteriores conforman un ogam "reformado" (o "escolástico"), una fase en la que la práctica se ve claramente influida por el irlandés antiguo y la escritura temprana de los manuscritos.

Los orígenes de la escritura ogámica son oscuros. En *In Lebor Ogai*, 'El libro de Ogam', un tratado sobre el alfabeto ogam escrito en irlandés antiguo, se atribuye su creación a la figura mitológica de Ogma, hijo de Elatha: "Ahora Ogma, hombre habilidoso con los discursos y la poesía, inventó el ogam. (Este fue) el motivo de su invención: como prueba de su ingenio y para que este discurso perteneciera solo a los eruditos, excluyendo a campesinos y pastores". Independientemente de la conexión genuina entre las palabras, el nombre ogam claramente recuerda al mítico Ogma. Al padre de Ogma también se le atribuye un nombre parlante: *Elatha* (también *elada*) es una palabra irlandesa temprana que significa 'arte o ciencia'.

Más allá de esta ficción literaria, no existen evidencias históricas fiables sobre la invención del ogam. Se cree que debió ser creado por alguien de origen irlandés, pero buen conocedor de la escritura y la tradición gramatical latina. Esto pudo haber sucedido en Gales, donde asentamientos irlandeses en época tardo-antigua podrían haber facilitado ese contexto cultural, pero también pudo haberse producido en Irlanda. La posición de los irlandeses era excepcional en la Europa occidental de comienzos de la Edad Media, en el sentido de que fueron los únicos que tuvieron que aprender latín desde cero como una lengua extranjera. Se vieron obligados a abordarlo de manera teórica, lo que a su vez los llevó a reflexionar también sobre su propia lengua materna. El ogam pudo haber sido el resultado de este proceso de reflexión. Su invención puede entenderse como una respuesta al encuentro con las inscripciones de carácter público, una tradición profundamente arraigada en la cultura romana. Como consecuencia de sus oscuros orígenes, el ogam no puede considerarse una escritura autóctona de Irlanda en sentido estricto, aunque es claramente una escritura vernácula local.

La fecha de la invención del ogam tampoco está clara. La *communis opinio* sostiene que los primeros ejemplos corresponden a principios del siglo V o quizás a

Fig. 1. Silchester, Inglaterra, *CIIC* 496 (Reading Museum).
Los arqueólogos han datado esta piedra, procedente de una villa tardorromana, en el siglo IV o principios del V, lo que la convierte en una de las inscripciones ogam más antiguas, algo que encaja bien con su fonología arcaica. Se lee TEBICATO[S] [MAQ]I MUC[OI ---], 'de Tebicatus (*Tibchad?*), hijo de del clan de...'. Si bien el segundo elemento del nombre -*cato[s]* corresponde a la palabra celta para 'batalla', *Tebi-*, es de interpretación más compleja. Si resultase ser irlandés, podría tratarse del tema verbal *tebbi-* 'cortar'. Alternativamente, se ha sugerido que fuera una forma británica del celta *tekʷ-*, 'correr, huir', pero la B en lugar de la P esperada sería muy llamativa. El nombre del clan de Tebicatus se ha perdido.

finales del IV. En qué medida ese período coincide con la fecha de invención de la escritura es otra cuestión. Una aproximación sobre la base del sistema fonológico que manifiestan los textos ogam podría aportar claves sobre el momento de su invención. El ogam se creó pensando en la fonética del irlandés primitivo, al que se adapta razonablemente bien, pero no es adecuado para el sistema fonológico del irlandés antiguo posterior al siglo VII, mucho más complicado. A partir de ese momento se introdujo un complejo conjunto de nuevas reglas ortográficas, ninguna de las cuales se documenta en las inscripciones ogam. Este hecho permite definir el siglo IV como el límite superior para la invención del ogam. Se han esgrimido razones estructurales para defender una cronología aún más antigua, ya que hasta el siglo V el sistema fonológico del irlandés primitivo experimentó pocos cambios, en consecuencia, el ogam podría corresponder tanto a la lengua de los siglos I y II d.C. como a la del IV d.C.

Los argumentos más sólidos a favor de una invención temprana del ogam derivan de la existencia de tres letras, J/H *hÚath,* Gʷ/NG *nGétal,* y ST/Z *Straif,* que no se documentan en el *corpus* clásico, tal vez por haber quedado obsoletas, mientras que la letra habitualmente transcrita como K, empleada en la palabra formular KOI 'aquí (?)', aparece solo en inscripciones que muestran rasgos arcaicos. La introducción de una nueva letra en un alfabeto tan bien diseñado gráficamente podría significar que el sistema de escritura ya había experimentado algún desarrollo interno, lo que necesariamente implica una cierta profundidad temporal.

Sin embargo, dada la ausencia de evidencias arqueológicas, la mayoría de los investigadores son reluctantes a llevar la invención de la escritura ogámica mucho más atrás del 400 d.C., momento que coincide aproximadamente con la introducción del cristianismo en Irlanda. Es sugerente buscar una conexión entre ambos eventos. El ogam podría haber sido ideado como una reacción vernácula a la alfabetización latina, que era un requisito previo para abrazar la tradición cristiana.

A pesar de las célebres actividades de los misioneros y eruditos irlandeses a lo largo de la Europa occidental y central de la Alta Edad Media, no hay piedras ogam en el continente europeo, aunque muy ocasionalmente se encuentran garabatos ogámicos en manuscritos irlandeses medievales que hoy se conservan en bibliotecas continentales. Con pocas excepciones, el ogam puede considerarse como un fenómeno medieval irlandés y escocés. Su empleo a modo de escritura simbólica pan-céltica en época moderna es un sinsentido, como lo es la idea de la existencia de inscripciones ogámicas en América del Norte.

A menudo las piedras ogam se reutilizaron como material de construcción en estructuras posteriores. En época moderna, se han ido retirando muchas piedras de sus sitios originales, ya sea por instigación de coleccionistas de antigüedades o para protegerlas de los efectos adversos de los elementos. La colección de piedras ogam más grande y accesible se encuentra en el University College de Cork, donde están alineadas en el pasillo del edificio principal. Otras muchas se encuentran en el Museo Nacional de Dublín, si bien la mayoría está guardada en almacenes. Todavía pueden hallarse muchas piedras *in situ* en Irlanda. A veces el acceso puede ser difícil, ya que algunas se encuentran en terrenos privados. Y se siguen descubriendo nuevas piedras ogam, bien en excavaciones arqueológicas, bien durante las reformas de edificios antiguos, como iglesias o cercas. Estas nuevas piezas suelen hallarse en estado fragmentario y son difíciles de leer.

Dado que no es posible asignar fechas concretas a las piedras (salvo en dimensiones geológicas), la datación de las inscripciones ogámicas depende de datos circunstanciales, como el contexto arqueológico del que proceden, no siempre concluyente, o argumentos lingüísticos y paleográficos, que pueden ser circulares. Incluso en las obras de referencia, las fechas asignadas a una misma inscripción pueden variar considerablemente. Esto no se debe a errores de los investigadores, sino a la ausencia de indicios cronológicos fiables. La datación de piedras ogam individuales es, en términos generales, un campo de minas para la paleografía, la lingüística, la filología y la arqueología.

Si bien hay un gran número de familias cuyos nombres pueden reconocerse en inscripciones de sus regiones natales, desafortunadamente es raro que puedan identificarse individuos atestiguados históricamente. Los nombres personales que pueden cotejarse con información procedente de anales, genealogías u otras fuentes históricas contribuyen a veces a calibrar las etapas de evolución de la lengua. Sirva un ejemplo para ilustrar estas cuestiones: en una piedra de Painestown (condado de Meath; fig. 3) se menciona a Mac-Caírthinn, miembro de la dinastía Leinster de los Uí Enechglais. Un rey de Leinster

Fig. 2. An Chreathánach Theas / Crehanagh South, Co. Waterford, *CIIC* 293.

Una piedra ogam junto a sus guardianas en su hábitat natural. Los enemigos naturales de las inscripciones ogam son la erosión debida al clima insular, la interacción humana y las vacas que se rascan el lomo con los bordes afilados (*arris*) de las piedras. El círculo de tierra desnuda que rodea la piedra ha sido creado por el ganado que camina alrededor y, probablemente, se rasque con ella. La inscripción dice VOCAGNI MAQI CUR[I]T, 'de Vocagnas (*Fochán*) hijo de Curitas (*Cuired?*)'.

Fig. 3. Baile Phaghain / Painestown, Co. Meath, *CIIC* 40 (National Museum of Ireland).

El texto visible de esta inscripción fue realizado sobre otra anterior. Se lee MAQI-CAIRATINI AVI INEQAGLAS, 'de Maqqas-Cairatini (*Mac-Caírthinn*) descendiente de Ineqaglassas (*Enechglass*)'. Conserva terminaciones flexivas en las cuatro primeras palabras, pero la -*i* final ya se ha perdido en INEQAGLAS, lo que significa que la piedra no pertenece a la fase más antigua. Es una de las raras inscripciones del norte de Irlanda, donde la tradición ogam nunca terminó de afianzarse.

y de Tara llamado Mac-Caírthinn se conoce gracias a un poema genealógico antiguo. Según los Anales de Ulster, un Mac-Caírthinn, hijo de Cóelub, murió en una batalla en Feimen en el año 446. Es probable, pero no del todo seguro, que las dos fuentes históricas hablen de la misma persona, y que esa persona pueda identificarse con el destinatario del monumento ogam. Sin embargo, la cronología de este Mac-Caírthinn mac Cóelboth no casa bien con la pérdida de la terminación flexiva en la última palabra del texto ogam.

Fig. 4. Breac-chluain / Brackloon, Co. Kerry, *CIIC* 173.

Imagen 3D de la base de datos *Ogham in 3D*. El sitio web permite la rotación tridimensional de imágenes de alta resolución en un navegador web. Este fragmento contiene solo la parte central de la inscripción original [--- MA]QIMUCC[OI ---], '... del hijo del clan de ...'.

Historia de la investigación

Dada su relación con la identidad cultural irlandesa, el conocimiento de la escritura ogam nunca desapareció en el mundo gaélicoparlante. De hecho, las inscripciones ogam han sido objeto de constante interés anticuario en Irlanda. Los eruditos medievales compusieron tratados destinados a la enseñanza de la escritura ogámica. A partir de tales manuscritos, los investigadores modernos han sido capaces de extraer información esencial sobre este sistema de escritura, facilitando su desciframiento, a diferencia de lo que ha ocurrido con otras escrituras antiguas.

La edición canónica de las inscripciones ogam en Irlanda y el sur de Gran Bretaña es el *Corpus Inscriptionum Insularum Celticarum* de Macalister, publicado en 1945. Las inscripciones de Gran Bretaña se han recogido en varias obras posteriores, la más reciente de N. Edwards. La mejor síntesis moderna fue publicada por D. McManus en 1991, donde analiza los orígenes del signario, su evolución desde sistema de escritura vivo hasta convertirse en objeto de interés anticuario y su contexto cultural. La rica tradición ogámica escocesa no ha recibido plena atención hasta la década de 1990, sobre todo gracias a los trabajos de K. Forsyth.

El *corpus* digital de ogam más completo es *Ogham in 3D* de N. White, alojado por el Instituto de Estudios Avanzados de Dublín. Esta base de datos utiliza la fotogrametría y el escaneo láser para crear imágenes en 3D de las inscripciones. Hasta ahora, la recopilación de datos se ha centrado en Irlanda, con unas 160 inscripciones. La continuación de este trabajo por K. Forsyth y el autor de estas líneas, tiene como objeto incorporar todas las inscripciones de Irlanda y Gran Bretaña. En el futuro habrá que prestar más atención a las inscripciones no clásicas, es decir, al uso del ogam en materiales distintos de piedras durante el largo período posterior al siglo VII, para así lograr una imagen completa de su historia y su papel como sistema de escritura.

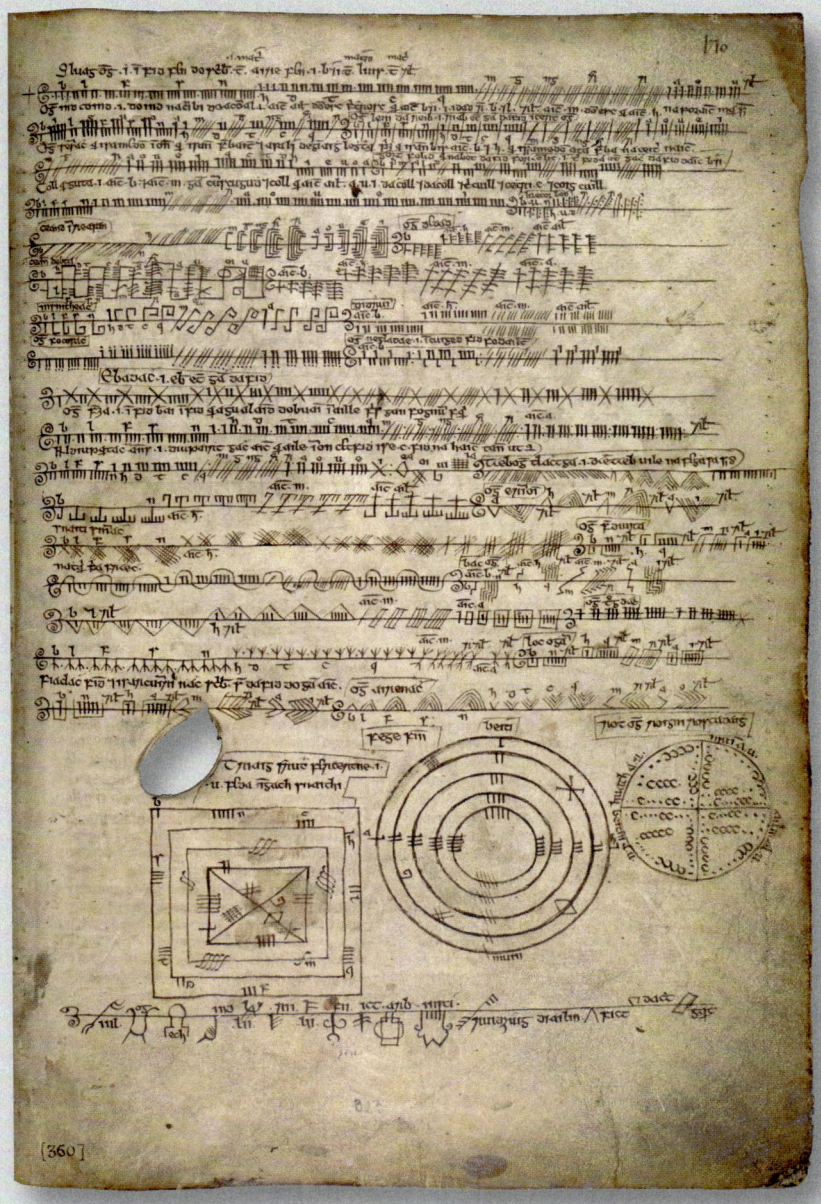

Fig. 5. *In Lebor Ogaim*, 'el Libro del ogam', Royal Irish Academy MS 23 P 12 (Libro de Ballymote), f. 170r.

In Lebor Ogaim es un tratado sobre los valores de las letras y las diferentes variantes criptográficas del alfabeto. Se conserva en copias de los siglos XIV al XVII. Esta página magníficamente ilustrada del *Libro de Ballymote* del siglo XIV muestra algunas variedades de ogam, muchas de ellas de tipo arcaico.

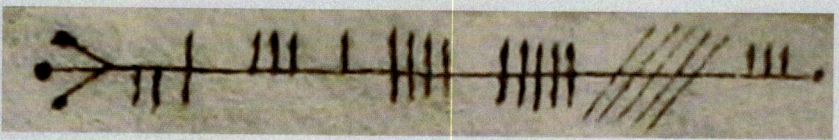

Fig. 6. St. Gallen, Suiza, Stiftsbibliothek, Codex Sangallensis 904, p. 204.

Con frecuencia, los escribas dejaban comentarios personales en los márgenes de las páginas del manuscrito, sin conexión con el texto circundante. En este caso se agregó una nota en letras ogam en la parte superior de la gramática latina de Prisciano, escrita *c.* 850. El escriba consideró prudente ocultar el lamento sobre su estado físico en un sistema de escritura que otras personas no pudieran descifrar. El texto dice en irlandés antiguo LATHEIRT, 'intoxicación, resaca', que proporciona una singular imagen de la vida privada del escriba.

Fig. 7. Cill Fhine Chormaic / Killeencormack, Co. Kildare, *CIIC* 19 (National Museum of Ireland).

La inscripción ogam de esta piedra bilingüe parece ser de época temprana: OVANI AVI IVACATTOS, 'de Ovanas (*Omun*), nieto de Ivacatus (*Éochad*)'. El texto latino probablemente dice IVVERE DRVVIDES. La segunda palabra corresponde al plural 'druidas'. La primera palabra resulta muy problemática. Si la quinta letra es una R, la inscripción dice 'los druidas ayudaron', pero también se ha sugerido la lectura N, en cuyo caso significaría 'los jóvenes druidas'. Los textos en las dos lenguas no parecen guardar relación. Dado que no existe una tradición de inscripciones dedicatorias en Irlanda, se sospecha que la inscripción en latín fue encargada por alguien de fuera de la isla, posiblemente de Gran Bretaña.

El término ogam no se refiere a una lengua, sino a un sistema de escritura. El idioma escrito en signario ogam es el irlandés en varias de sus manifestaciones históricas. El irlandés primitivo presente en la escritura ogámica es el representante más antiguo atestiguado del goidélico o gaélico, una de las cuatro sub-ramas conocidas del tronco celta de la familia de lenguas indoeuropeas. Las otras tres son la celtibérica, la gala —ambas desaparecidas en la Antigüedad— y la británica, también llamada britónica.

LENGUA

Las lenguas celtas atestiguadas a partir de mediados del primer milenio d.C. son consideradas lenguas neoceltas. En función de que una lengua celta sea conocida antes o después de esa época, su fonología, morfología, sintaxis y, en definitiva, toda su estructura tipológica, varían radicalmente. Las lenguas celtas antiguas son similares a otras lenguas indoeuropeas antiguas como el latín, el griego o el sánscrito. Son totalmente flexivas con un orden de palabras relativamente libre, un sistema vocálico simple y carecen de un sistema diferenciado de silbantes.

Aparte de un puñado de nombres geográficos de los siglos I y II, el irlandés está atestiguado por escrito solo a partir del siglo V d.C., lo que la convierte, aunque sea por un corto margen temporal, en la única lengua céltica que abarca tanto el período antiguo como el moderno. Su característica más sorprendente es la conservación de las terminaciones flexivas completamente funcionales en sus primeros estadios. Al período temprano (siglos IV-VI) se le denomina tradicionalmente irlandés primitivo. Le sigue el irlandés arcaico o antiguo temprano (siglo VII) y el irlandés antiguo (siglos VIII y IX). Las inscripciones ogam de la tradición clásica pertenecen a las fases irlandesas primitiva y arcaica. Las inscripciones de períodos posteriores —irlandés antiguo, medio e incluso moderno y gaélico escocés— están bajo la influencia manifiesta de la escritura documentada en manuscritos. Están bien documentados y descritos en otras obras.

FONOLOGÍA

Las inscripciones ogámicas son importantes porque documentan, a la manera de una foto fija, los profundos cambios experimentados por la lengua irlandesa entre los siglos V y VII, fase correspondiente al período "clásico" de uso del ogam. El sistema fonético de la fase más temprana es radicalmente diferente al del final de ese período. Por lo tanto, es útil distinguir entre el irlandés ogámico temprano y el irlandés ogámico tardío que resulta mucho más próximo al irlandés antiguo.

El irlandés ogámico temprano tenía catorce fonemas consonánticos (más tres posibles fonemas marginales, que representamos entre paréntesis; vid. tabla 1) así como diez fonemas vocálicos (tabla 2). Además, había tres diptongos: $ai̯$, $oi̯$ y $au̯$. El número de consonantes es similar al del irlandés primitivo. Con la excepción de las semiconsonantes y las fricativas, todas las consonantes pueden aparecer geminadas, pero esto no se representa en ogam. Aunque los signos consonánticos reflejan bastante bien la lengua de esta época, no ocurre lo mismo con los signos vocálicos. Para las diez vocales solo se utilizan cinco caracteres, ya que no se hace distinción gráfica entre breves y largas. Por lo tanto, el ogam no puede considerarse un sistema de escritura perfecto.

TABLA 1
CONSONANTES DEL IRLANDÉS PRIMITIVO TEMPRANO

	oclusivas	nasales	fricativas	semiconsonantes	líquidas
bilabiales	b	m		w	
dentales	t d	n			l r
alveolares			s (z)		
palatales				j	
velares	k g		(x ɣ)		
labiovelares	kʷ gʷ				

TABLA 2
VOCALES DEL IRLANDÉS PRIMITIVO TEMPRANO

	anteriores			posteriores
cerradas	i i:			u u:
medias		e e:	o o:	
abiertas		a a:		

A finales del período irlandés primitivo, este sistema se había transformado en otro mucho más complejo correspondiente al irlandés antiguo, con 45 consonantes (tabla 3). El número de vocales se mantuvo relativamente estable, con 10 vocales principales y un pequeño número de fonemas vocálicos marginales (tabla 4), además de una docena de diptongos. Sin embargo, la escritura ogam no estaba diseñada para expresar las distinciones fonológicamente cruciales del sistema consonántico tardío, como la oposición entre fricativas y oclusivas, los sonidos geminados o la distinción entre consonantes neutras y palatalizadas. Al pronunciar estas últimas le sigue un breve sonido parecido a [j] (el sonido de *y* en inglés *year*).

Es evidente que el conjunto de letras ogam refleja mejor la etapa del irlandés primitivo, antes del surgimiento de la oposición entre consonantes neutras y palatalizadas y del cambio fonético de la lenición. La lenición es la pronunciación "relajada" de una consonante; muy a menudo implica convertir una oclusiva en su fricativa correspondiente. En otras palabras, el ogam debió crearse antes de que los cambios fonéticos de la apócope —la pérdida completa de casi todas las sílabas finales, en torno al 500— y la síncopa —la pérdida de muchas vocales átonas en posición interior, a mediados del siglo VI— condujeran a la proliferación de fonemas consonánticos en irlandés. Esto se confirma por el hecho de que las inscripciones más antiguas distinguen correctamente entre las dos letras Q y C para los sonidos proto-celtas *k^u y *k, que muy poco después se fusionaron en /k/. En las inscripciones del siglo VI en adelante, ambos sonidos están irremediablemente confundidos.

TABLA 3
CONSONANTES DEL IRLANDÉS ANTIGUO

	oclusivas	nasales	fricativas	líquidas
labiales	p b pʲ bʲ	m mʲ β βʲ	f βʲ fʲ βʲ	
dentales	t d tʲ dʲ	n: n n:ʲ nʲ	θ ð θʲ ðʲ	l: l lʲ lʲ r: r r:ʲ rʲ
alveolares			s sʲ (= ʃ?)	
velares	k g kʲ gʲ	ŋ ŋʲ	x ɣ xʲ ɣʲ	
glotales			h	

TABLA 4
VOCALES DEL IRLANDÉS ANTIGUO

	anteriores				posteriores
cerradas	i iː (y)				u uː
medias	eː	e (œ)	ə	o oː	
		(ɛː)			
abiertas		a	ɑː		

Léxico

A la hora de obtener información sobre la lengua más allá de la fonología, las inscripciones ogam de la tradición clásica resultan a veces decepcionantes. Sus textos se componen casi exclusivamente de nombres personales, casi todos masculinos. Las inscripciones no contienen ni verbos, ni adjetivos ni ningún otro elemento oracional, con la única excepción del término KOI, que probablemente significa 'aquí', atestiguado en las primeras estelas irlandesas. Incluso los sustantivos comunes son muy raros. Aparte de la palabra para 'hijo', formulada con muchas variantes, solo aparece una docena de este tipo de sustantivos (tabla 5), de los cuales, ANM, KOI y todas las palabras registradas solo una vez provienen de Irlanda. Debido a que en Irlanda no hay piedras dedicadas a mujeres, la palabra INIGENA, 'hija', se constata exclusivamente en Gales.

Todas las palabras de las inscripciones ogam están en genitivo, indicando 'de' quién es la piedra. Una gran parte de los antropónimos son compuestos de tipo indoeuropeo. Es decir, consisten en dos elementos léxicos, en los que el primero habitualmente califica al segundo. Por ejemplo: ERCAVICCAS, 'combatiente (*$u̯ik$-) de Erc (¿una divinidad?)' o SALICIDUNI, 'fortificación (*$dūno$-)

Fig. 9. Airghleann / Arraglen, Co. Kerry, *CIIC* 145.

En la inscripción se lee QRI-MITIR RONANN MAQ COMOGANN, 'del sacerdo-te Ronagnas (*Rónán*) hijo de Comogagnas (*Comgán*)'. La vocación religiosa del hom-bre mencionado está subra-yada por la prominente cruz. QRIMITIR es un préstamo del latín *presbiter* 'sacerdote', que, a través de una compli-cada secuencia de sustitu-ciones y cambios de sonido, terminó como *cruimther* en irlandés antiguo [ˈkruβ̃ˈθʲər].

del sauce (**salik-*)'. Un tipo diferente —y aparentemente no indoeuropeo— son los antropónimos bimembres en los que el primer elemento pertenece a una reducida clase de sustantivos comunes y el segundo, en caso genitivo, depende de este. Por ejemplo: NETA-SEGAMONAS, 'guerrero (**nēt-*) de Sega-món (¿una divinidad?)' o MAIC-BROCC, 'hijo (**makʷkʷo-*) del tejón (**brokko-*)'. También pueden encontrarse antropónimos simples consistentes en un úni-co elemento léxico, por ejemplo: RODOS, 'el rojo (**rōdu-*)' o TOVISACI, 'líder, príncipe (**toụissāko-*)', así como derivados hipocorísticos, como BAIDAGNI, 'pequeño idiota (**baịt-agno-*)' o CONANN 'perro pequeño (**kun-agno-*)'.

TABLA 5
SUSTANTIVOS COMUNES EN LAS PIEDRAS OGAM

ANM 'nombre' o 'alma'	MAQQI 'hijo' (con muchas variantes)
ATAR 'padre' (×1)	MUCOI 'del clan'
AVI 'nieto'	NIOTTA 'sobrino'
CELI 'cliente'	QRIMITIR 'sacerdote' (×1)
INIGENA 'hija' (×1, en Gales)	TRIA 'tres' (×1)
KOI 'aquí'	VELITAS 'poeta' (×1)

Morfología

Las inscripciones ogámicas solo permiten detectar las terminaciones de los sustantivos en genitivo singular. Para dar una imagen adecuada de su variación a lo largo de todo el período, es mejor distinguir tres fases en el desarrollo de cada terminación. En la fase más temprana, alrededor del año 400, aún se conservaban todas las desinencias originaras del proto-céltico. La segunda fase es una etapa intermedia, datada hacia finales del siglo V, tras la pérdida de las consonantes finales. La tercera y última fase corresponde a la situación del irlandés antiguo del siglo VII, con la pérdida total de todas las sílabas finales, excepto aquellas en las que una vocal larga había sido protegida por una consonante final.

TABLA 6
GENITIVO SINGULAR DE LOS TEMAS NOMINALES TESTIMONIADOS
EN INSCRIPCIONES OGAM

	fase 1	fase 2	fase 3	proto-céltico
temas en -o	-Ī	-Ø	-Ø	< *-ī
temas en -ā	-IAS/-EAS	-IA/-EA	-E	< *-i̯ās << *-ās
temas en -i̯o	-Ī	-Ī	-Ī	< *-i̯ī
temas en -i̯ā	-IAS/-EAS	-IA/-EA	-E	< *-i̯ās
temas en -u	-OS	-O	-O/-A	< *-ou̯s
temas en -i	-OS	-O	-O/-A	< *-oi̯s (?)
temas en -n	-ONAS	-ONA	-ON	< *-onos
temas en cons.	-AS	-A	-Ø	< *-os

Las terminaciones de otros casos distintos al genitivo singular son extremadamente raras. El genitivo plural de los temas en -o está atestiguado una vez en TRIA MAQA (segunda fase), 'de los tres hijos'. Posibles ejemplos del nominativo singular son INIGENA (tema en -ā; primera o segunda fase), a menos que se trate de un genitivo arcaico en *-ās, y quizás TRENAGUSU (tema en -u; segunda fase), si es que no se trata de una grafía inusual para el genitivo en -O(S). Un número muy reducido de inscripciones parece estar en caso dativo, es decir, dedicado al destinatario, por ejemplo: BIGU MAQI LAG[---] 'para Bec, hijo de de Lag[---]' (MAQI 'hijo' está en genitivo, no obstante).

A pesar de su magro contenido, las inscripciones ogam tienen una importancia decisiva, ya que son los únicos documentos escritos de un período crucial en el que el irlandés pasó de ser una antigua lengua indoeuropea tradicional a convertirse en una lengua celta moderna. Aunque no más de tres siglos separan las dos fases, el irlandés primitivo del siglo V en escritura ogámica se parece tanto o tan poco al irlandés antiguo del siglo VIII como el latín al francés. Se desconoce qué

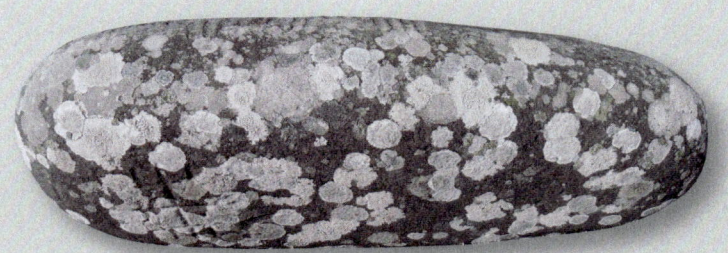

Fig. 10. Baile an tSagairt / Ballintaggart, Co. Kerry, *CIIC* **160.**
Se trata de la única inscripción dedicada a tres destinatarios, cuyos nombres propios sin embargo no aparecen: TRIA MAQA MAILAGNI, 'de los tres hijos de Mailagnas (*Máelán*)'. El texto CURCITTI, 'de Curcitias (*Cuircthe = *Cuirche*?)', grabado en el reverso de la piedra, parece no tener relación con el primer texto.

desencadenó esta profunda transformación en un período de tiempo tan breve. El contacto lingüístico y el rápido cambio de una lengua a otra por gran parte de la población pueden ser factores explicativos. Estos cambios no se limitaron a Irlanda, pues procesos de cambio similares se atestiguan en todas las lenguas del noroeste de Europa a mediados del primer milenio d.C. Es una afortunada coincidencia que el ogam se ideara poco antes de esta gran transformación del sistema fonológico, cuando el irlandés todavía se reconocía como una lengua celta antigua en su aspecto fónico y morfológico. Algunos de los cambios más importantes se reflejan directamente en las inscripciones, lo que nos permite establecer cronologías relativas entre ellos. Un buen ejemplo es el antropónimo proto-celta, en caso genitivo, **Lugudikos,* 'el que señala a (el dios) Lug (?)', del cual están atestiguados los siguientes estadios sucesivos en irlandés primitivo:

1. LUGUDECCAS (*CIIC* 263, Aird Mhór / Ardmore, Co. Waterford)
2. LUGUDECA (*CIIC* 286, Cill Ghruabháin / Kilgrovan, Co, Waterford)
3. LUGUDEC (*CIIC* 4, Kilmannia, Co. Monaghan)
4. LUGUDUC (*CIIC* 108, Cill Chuilinn / Kilcullen, Co. Cork)

Pueden observarse algunos de los cambios fonológicos más importantes del irlandés, especialmente los que afectan a las vocales. La primera forma conserva toda la sílaba final, pero en comparación con el proto-celta, la terminación *-os* se ha convertido en *-as,* y la *i* breve se ha abierto en *e* ante la *a* de la siguiente sílaba. En la siguiente fase, la *-s* final se pierde a través de una etapa intermedia *-h,* mientras que en la tercera fase desaparece toda la sílaba final. La ortografía de la cuarta etapa indica que las vocales en sílabas átonas habían perdido sus valores originales y habían adoptado un timbre indefinido, denominado *schwa*.

Otros cambios cruciales, especialmente en las consonantes, solo pueden inferirse indirectamente. Al mismo tiempo que los mencionados cambios en las vocales, las consonantes fueron lenizadas (p.ej. *g se convirtió en *γ) y palatalizadas (p.ej. *γ se convirtió en *γʲ), fenómenos que el ogam no tiene forma de representar. Este

Fig. 11. Baile an Reannaigh / Ballinrannig, Co. Kerry, *CIIC* 148-154.

En 1782 una tormenta sacó a la luz seis piedras ogam en un mismo lugar. Los nombres muestran una fonología y morfología muy arcaicas, conservando todas sus terminaciones, por ej. *CIIC* 154, CUNAMAQQI CORBBI MAQQ[I MUCCOI DOVVINIA]S, 'de Cunamaqqas Corbas (*Conmac Corb*), hijo de del clan de Dovvinia (*Duibne*)' o *CIIC* 151, BROINIONAS, 'de Broiniu (**Broíniu*)'. Podrían considerarse entre los primeros ejemplos conservados de la escritura ogam.

nombre finalmente aparece en el irlandés antiguo del siglo VIII como *Luigdech,* el genitivo de *Lugaid,* mostrando además los efectos de la síncopa, es decir, la pérdida de una vocal en posición interior de palabra. La síncopa no está atestiguada en ogam para este nombre en concreto, pero se documenta ampliamente en otros.

Sintaxis

Debido a su contenido interno tan restringido, las inscripciones ogam apenas revelan nada sobre el orden de los elementos en la oración, aparte del hecho de que los genitivos siguen a los sustantivos a los que determinan. Esto se ajusta al orden de las palabras del irlandés posterior.

Otras lenguas

Varias inscripciones ogámicas, ciertamente desconcertantes, recuperadas en Escocia podrían contener textos que no están en irlandés, sino en una lengua local. Aunque su lectura no presenta excesivos problemas, su interpretación resulta problemática. Se sospecha que algunos de ellos podrían estar en picto, una lengua antigua y altomedieval hablada en Escocia, quizás emparentada con la familia de lenguas celtas británicas.

Fig. 12. Gort na Cloiche / Rockfield, Co. Kerry, *CIIC* 244.

Esta inscripción, comparativamente larga, dice COILLABBOTAS MAQI CORBBI MAQI MOCOI QERAI, 'de Coelabuts (*Cóelub/Cóelboth*), hijo de Corbas (*Corb*), hijo del clan de Ceras (*Cíar*)'. El nombre del antepasado, QERAI, corresponde al irlandés antiguo *Cíar*, 'marrón oscuro, negro', epónimo de *Cíarraige*, 'reino de (los descendientes de) Cíar', Kerry en inglés. La ortografía con Q es hipercorrecta para *CERAI y presupone el conocimiento del *dathogam* u 'ogam color', una de las variaciones divertidas y eruditas de los nombres de las letras. La terminación *-AI* es peculiar en las inscripciones ogámicas, sin que esté claro a qué desinencia flexiva del irlandés antiguo corresponde.

Fig. 13. Kilmannin, Co. Mayo, *CIIC* 4 (National Museum of Ireland).

Esta estela conserva dos inscripciones, una a cada lado. La primera, LUGADDON MAQI LUGUDEC, 'de Lugaidu (*Lugáed*), hijo de Lugudecs (*Lugaid*)', es un caso típico de la fase de transición entre el mantenimiento de sílabas finales en el irlandés primitivo temprano y la posterior reducción de vocales en sílabas átonas. Es revelador que la única palabra que conserva plenamente la terminación antigua es la palabra formular MAQI. Tanto el padre como el hijo comparten el elemento nominal LUG-, que corresponde al nombre del dios *Lug*. La interpretación de la segunda inscripción no está clara: DDISI MO[...]CQU S(?)EL, 'de Disias (?) del clan de Sel (?)'.

Fig. 14. Brandsbutt Stone, Inverurie, Aberdeenshire, Escocia.

Esta piedra ricamente decorada lleva la inscripción IRATADDOARENS, perfectamente legible pero cuya interpretación resulta incierta. Dado que está acompañada por dos símbolos pictos, una media luna con un trazo en V y una serpiente con un trazo en Z, es natural pensar que corresponda al idioma picto. Se ha interpretado como una variante de Ethernan, el nombre de un santo y misionero que ejerció entre los pictos en el siglo VII, identificado también en otras inscripciones ogam de Pictia.

Fig. 15. Lamóg / Lamoge, Co. Kilkenny, *CIIC* 36.

La inscripción, gravemente dañada, dice SEVERRIT[.. MAQI]/ [RO]TTAIS, 'de Severit... hijo de Rotias (*Roth?*)'. El nombre de la persona probablemente proviene del latín *Sēuērus*, 'severo'. El patronímico se restituye gracias a su aparición en otra piedra.

Influencia lingüística latina

La influencia directa del latín en la lengua irlandesa de las inscripciones es escasa. El irlandés absorbió muchos préstamos del latín, especialmente después de la introducción del cristianismo en los siglos IV y V. Este hecho influyó poco en la antroponimia, la clase de palabras habitual en las piedras ogam, que presenta un claro carácter autóctono. De hecho, solo se han identificado una docena de antropónimos derivados de préstamos latinos, es decir, apenas un 3%. Los antropónimos *Colm* y *Colmán,* préstamos del lat. *columba,* 'paloma', se encuentran entre los más populares de la Irlanda medieval. Este último aparece en ogam en las formas COLOMAGNI, COLMAN y quizás CALUMANN. Nueve nombres latinos se encuentran en piedras del sur de Gran Bretaña, zona que había formado parte del Imperio Romano, lo que implica que su frecuencia relativa sea seis veces mayor que en Irlanda.

El único sustantivo común tomado en préstamo del latín que aparece en una piedra ogam es QRIMITIR, 'sacerdote'. Deriva de la palabra latín *presbyter,* a través de su forma vulgar **premiter.* Un caso muy incierto de préstamo léxico es el nombre CORBIMAQI (irl. ant. *Cormac*). Se ha sugerido que el tema verbal *corb-* sea un préstamo del latín *corrumpere* 'corromper', pero esto dista de ser seguro.

El Ogam es una escritura singular porque es tridimensional y consta de los signos más básicos imaginables, trazos y muescas, dispuestos a lo largo de los bordes (*arris*) de las piedras. El signario es uniforme en su inventario gráfico. No parece haber existido un período temprano de experimentación o desarrollo interno, como es típico en otros sistemas de escritura. Esta uniformidad desde los primeros tiempos permite sospechar que la creación del ogam fue el resultado de la labor de un único inventor en un lugar y un momento concretos. Dentro del *corpus* clásico, las únicas características que muestran variación son el tamaño, el ancho y la profundidad de los trazos y, a veces, la dirección de la escritura, pero aún no está claro de qué manera esta variación se correlaciona con diferentes períodos o lugares.

ESCRITURA

Las letras se organizan en cuatro grupos para los cuales se utiliza el término irlandés antiguo *aicme* [ak^{j}m^{j}e], plural *aicmi* [ak^{j}m^{j}i]. *Aicme* significa 'raza, familia, tribu', pero aquí se utiliza con el significado de 'clase'. Cada clase se caracteriza por un tipo específico de trazo o muesca marcado de una a cinco veces, dependiendo de la letra. El primer *aicme* tiene trazos perpendiculares a la derecha del borde, en el segundo *aicme* son transversales al borde y el tercero perpendiculares a su izquierda. Hay un razonamiento gramatical detrás de esta disposición, ya que todas las vocales se agrupan en un solo *aicme,* correspondiente a las muescas, mientras que todas las consonantes se representan mediante trazos. Dentro de los *aicmi* consonánticos puede observarse que el primer *aicme* contiene muchas continuas, mientras que las velares sonoras están en el segundo y las dentales y las velares sordas están todas en el tercer *aicme.* De esta manera, el sistema resulta muy adecuado para escribir los grupos consonánticos del irlandés primitivo temprano.

Fig. 16. Domhnach Mór / Donaghmore, Co. Kildare, *CIIC* 26 (National Museum of Ireland).

Este raro ejemplo de piedra ogam procedente del centro de Irlanda se encontró entre los restos de una iglesia alto-medieval cerca de Maynooth. En el texto se lee: NETTAVROICC [KOI?] | MAQI MUCCOI | TRE[N] A[LU]GGO, 'de Neta-Vraicas (*Nad-Fráech*) [aquí] hijo del clan de Trenalugus (*Trénlug*)'.

El carácter alfabético de la escritura ogámica, es decir, que cada letra corresponde a un sonido, delata al alfabeto latino como modelo. Sin embargo, las letras no son simplemente letras latinas transpuestas a un sistema de muescas y trazos. Más bien, sus valores parecen ser el resultado de un análisis de qué sonidos debían expresarse en la lengua de destino. Se descartaron las letras latinas para aquellos sonidos ausentes en irlandés primitivo, como P o X, mientras que para los fonemas del irlandés primitivo que no están representados adecuadamente por una sola letra en la escritura latina, se usaron signos ogam creados específicamente.

El significado literal de la palabra irlandesa antigua para 'letra', *fid* [fʲið], plural *fedae* [fʲeðe], o *feda* [fʲeða], es 'árbol, madera', y los nombres de cada una de las letras tienen una notable predilección por los de los árboles. Esto ha llevado a especulaciones sobre los orígenes arbóreos de la escritura y una conexión con los druidas, la palabra **druṵid-* en sí misma ha sido analizada como 'conocedor de árboles'. Sin embargo, la preponderancia de los nombres de árboles puede ser simplemente una coincidencia. Algunos nombres se refieren a elementos

Tabla 7

El alfabeto Ogam y los nombres tradicionales de las letras

		TRANSCRIPCIÓN	NOMBRE TRADICIONAL
aicme 1	T	B	*beith* 'abedul'
	TT	L	*luis* 'serbal' (?)
	TTT	V (F)	*fern* 'aliso'
	TTTT	S	*sail* 'sauce'
	TTTTT	N	*nin* 'fresno' (?)
aicme 2	⊥	J? (H)	*úath* 'espino blanco' (?)
	⊥⊥	D	*dair* 'roble'
	⊥⊥⊥	T	*tinne* 'sagrado, anciano' (?)
	⊥⊥⊥⊥	C	*coll* 'avellano'
	⊥⊥⊥⊥⊥	Q	*ceirt* 'manzano' (?)
aicme 3	╱	M	*muin* 'vino' (?)
	╱╱	G	*gort* 'hiedra' (?)
	╱╱╱	Gʷ? (NG)	*ngétal* 'hiriente'
	╱╱╱╱	ST (Z)	*straif* 'azufre, endrina' (?)
	╱╱╱╱╱	R	*ruis* 'saúco' (?)
aicme 4	•	A	*ailm* 'pino' (?)
	••	O	*onn* 'ceniza'
	•••	U	*úr* 'matorral' (?)
	••••	E	*edad* 'álamo' (?)
	•••••	I	*idad* 'tejo' (?)
forfeda	✗	K, EA	*ébad* 'álamo, arbusto' (?)
	◈	Ó	*ór* 'oro'
	⊓	UI	*uilleann* 'codo'
	✖	IO, I	*iphín* 'grosella' (?)
	=	P	*peith* (?)
	▦	CS, X, AE	*emoncholl* 'avellano gemelo'

Los valores actualmente aceptados se dan en primer lugar en la columna de transcripción, seguidos de los valores tradicionales entre paréntesis.

Fig. 17. Cluain Mhic Nóis / Clonmacnoise, Co. Offaly, losa decorada con cruz 152.

Esta piedra conmemorativa del clérigo *Colmán* es un buen ejemplo de la coexistencia del alfabeto latino y el ogam. A la inscripción latina *Colman* se le ha añadido en ogam el adjetivo BOCHT, 'pobre, desdichado, miserable', con la ortografía irlandesa antigua. La flecha indica el final del texto ogam.

que ciertamente no tienen nada que ver con los árboles y para otros —aquellos marcados con un signo de interrogación en la tabla 7— el supuesto significado arbóreo solo está respaldado en glosarios tardíos en lo que podría ser producto de conjeturas eruditas. Esas palabras no se utilizan habitualmente para los árboles que teóricamente designan. En la tradición gramatical nativa, se conoce una gran variedad de otros nombres para el ogam donde las letras están agrupadas temáticamente, por ejemplo ogam cerdo, ogam de cuerpos de agua, ogam fortaleza y muchos más.

Para entender el sistema fonológico irlandés primitivo a través de la escritura ogam hay que ir más allá de los nombres de las letras irlandesas medievales. Un caso instructivo es ᚈ, al que los eruditos medievales denominaron *fern*, 'aliso', y el valor *F*. Sin embargo, el sonido [f] se desarrolló a partir del más antiguo [w] —tradicionalmente escrito *ụ* en las reconstrucciones— a partir del siglo VI después de la pérdida de las sílabas finales. Para el ogam, que es más antiguo, debe asumirse el valor anterior y, por lo tanto, los investigadores modernos transcriben la letra como *V*. Otro caso es ᚍ, *ngétal*. El nombre tradicional sugiere que la letra representa el sonido [ŋ] o el grupo de sonidos [ŋg], la nasalización de [g]. Pero el sistema ogámico no refleja las consonantes afectadas por las transformaciones debidas al contexto en el que se encuentran, es decir, ni sus variantes relajadas "lenizadas", ni las "nasalizadas" —producto de la fusión con las nasales precedentes—. Solo refleja las oclusivas históricamente originales. La etimología de *(n)gétal* 'muerte' < proto-celta *$g^u antlo$-,

Fig. 18. Cill Bheanáin / Kilbonane, Co. Kerry, *CIIC* 241.

La mayoría de las piedras contienen una única inscripción. Ocasionalmente se atestiguan dos textos, pero las piedras con tres, como esta, son muy extrañas. Aunque es posible que las inscripciones fueran creadas por separado, no son independientes. Están conectadas por el nombre de un individuo llamado Baidagnas (*Báetán*), que es el destinatario de la primera, localizada en el ángulo derecho de la estela: B[AID(?)]AGNI MAQI ADDILONA, 'de Baidagnas (*Báetán*) hijo de Adilu (**Aidliu*)'.

Es razonable suponer que a este mismo individuo se le recuerde como antepasado en el segundo, ubicado en el ángulo izquierdo de la pieza: NAGUN[I(?)] M[U(?)]C[O(?)] B[AI(?)]D[A]N[I(?)], 'de Nagunias (**Nugne?*, por Mugne?), del clan de Baidagnas (*Báetán*)'. Con la excepción de su secuencia final, la interpretación del tercer epígrafe resulta incierta: NIR[???]MN[I]DAGNIESSICONIDDALA/ AMIT BAIDAGNI, '... de Baidagnas (*Báetán*)'. El hecho de que esté inusualmente escrito en la parte central de la inscripción y no en el borde indica su adición tardía.

revela que la letra debió haber expresado originalmente el sonido labiovelar sonoro [g^{w}] —escrito **g*$^{u̯}$ en reconstrucciones—, que existía como un fonema separado junto a la velar simple [g], antes de fusionarse con ella en el siglo VI, tal como lo hizo el irlandés primitivo [k^{w}] con [k]. La letra *ngétal* no está atestiguada en inscripciones lo suficientemente antiguas como para demostrar sin dudas su supuesto uso original. La lógica interna del sistema de escritura es la mejor prueba de esta solución

La cuestión de las letras tradicionalmente transcritas como H y Z es aún menos clara. Los estudiosos modernos han sugerido los sonidos [j] o [h] para H y [st] para Z, pero, dado que no aparecen en inscripciones tempranas, sus valores originales no pueden verificarse. Sus nombres tradicionales *húath* y *straif* pueden deberse a intentos anticuarios de racionalizar el sistema. Incluso se puede jugar con la idea de que se insertaron en el esquema para completar la organización en 4 clases de 5 letras cada una, pero que nunca llegaron a usarse para escribir.

Esto hace que sea aún más sorprendente encontrar una letra extra fuera de la recién mencionada distribución de 4 clases de 5 letras, que aparece en inscripciones muy tempranas. Toma la forma de una X grande atravesada, es decir, ᚕ, y generalmente se transcribe como K. Aparece principalmente en la palabra formular KOI, probablemente ‘aquí’. Cabe preguntarse por qué los escribas no usaron simplemente la letra ogam C ᚉ que se asigna al sonido [k]. ¿Quizás la inicial de KOI siempre estuvo lenizada en [x] y los creadores de las inscripciones quisieron expresar este hecho? Pero [x], la variante lenizada de [k], aparece frecuentemente en muchas otras palabras escritas con C. La justificación de K sigue siendo un misterio por el momento.

En inscripciones más tempranas también se usaba en los nombres, alternándola con C, y en el período “post-clásico” incluso asumió un valor vocálico. En ese momento posterior se agregaron más signos al ogam, llamados *forfeda* [ˈforf^{j}eða], ‘letras extra’, singular *forfid* [ˈforf^{j}ið]. Algunos de ellos fueron creados para representar diptongos de las etapas iniciales del irlandés. A diferencia de los *aicmi* originales, en los *forfeda* se mezclan vocales y consonantes. Sus oscuros nombres y sus formas, muy alejadas de la lacónica elegancia del conjunto original, evidencian que las *forfeda* son una intrusión en el sistema. Rara vez se encuentran en piedras reales, sino que pertenecen a la tradición anticuaria de la Edad Media.

Una característica que hasta ahora no ha encontrado una explicación satisfactoria es que los signos consonánticos en interior de palabra a menudo se reduplican. Esta reduplicación de letras no tiene nada que ver con la geminación, es decir, la duplicación de sonidos en el idioma. Ocasionalmente parece haber una correlación entre esta reduplicación y los sonidos lenizados, aunque tal regla ortográfica parezca contradictoria.

En su expresión básica, la fórmula onomástica recogida en las piedras ogam es muy simple. Se registra el nombre de un individuo —el destinatario de la inscripción— que casi siempre es varón. Su nombre suele ir acompañado de un sustantivo común que indica la relación con un antepasado, seguido del nombre de ese antecesor. Todas las palabras están en genitivo. Más de la mitad de las inscripciones (*c.* 240) contienen el término de parentesco 'hijo'. Dependiendo de la antigüedad de la pieza, la palabra puede aparecer escrita de varias maneras: MAQI es la ortografía más antigua, pero MAQ, con pérdida de la terminación, se encuentra en piedras posteriores, así como MAC, que muestra el cambio del sonido labiovelar k^u,

FÓRMULA ONOMÁSTICA

escrito con la letra Q, a la velar simple *k,* escrita C. El conocimiento imperfecto de los escribas de las etapas más antiguas de la lengua también puede dar lugar a la hipercorrección MACI. En todas las formas, la segunda consonante también se puede escribir doble, lo que permite ocho variantes ortográficas diferentes de esta única palabra. En irlandés antiguo, la forma es *maic* o *maicc* (*mac* en nominativo). Mientras que, en el irlandés posterior, así como en la Irlanda moderna, los nombres con *Mac* (o *Mc*) funcionan como apellidos, en la Irlanda temprana, donde los apellidos aún eran desconocidos, se refieren al padre del individuo.

Esta fórmula básica presenta muchas variaciones. Con menos frecuencia, en lugar del padre, se indica al abuelo o a un antepasado lejano, posiblemente mitológico, con el elemento AVI, 'nieto, descendiente'. Esto corresponde al irlandés antiguo *auë, ua* y al elemento del apellido irlandés moderno *Ó, O'*. Otro elemento común, que a menudo sigue inmediatamente a MAQI, es MUCOI. Probablemente sea idéntico a *moccu,* que ya era arcaico en la época de los

Fig. 19. Cilgerran, Pembrokeshire, Gales, *CIIC* 428.

La mayoría de las piedras ogam recuperadas en Gales son bilingües. En esta se lee en ogam TRENAGUSU MAQI MAQITRENI, 'de Trenagussus (**Tréngus*), hijo de Maqqas-Treni (**Mac-Tréuin*)'. La fórmula latina es un poco más elaborada, aunque gramaticalmente defectuosa: *Trenegussi fili Macutreni hic iacit*, 'de Trenagussus hijo de Macutrenus, yace aquí'.

El nombre compuesto del hijo, TRENAGUSU, contiene el mismo elemento (irl. ant. *trén*, 'fuerte') que el nombre del padre MAQITRENI, que a su vez contiene *mac*, 'hijo', como elemento onomástico. Las inscripciones galesas muestran una menor variedad de lazos familiares que las irlandesas, limitándose casi exclusivamente a las relaciones paterno-filiales.

primeros textos en irlandés antiguo. Mientras que *mac* y *auë* son términos que enfatizan a los ancestros individuales, MUCOI/*moccu* es un término gentilicio que significa 'de la familia o clan de', poniendo de relieve el grupo familiar. Se cree que el cambio entre los dos sistemas de indicación de la ascendencia ocurrió entre los siglos VII y VIII, pero MAQI ya era preponderante en las primeras inscripciones ogam. Algunas piedras conmemoran el ANM del difunto. Esta palabra corresponde al irlandés antiguo *ainm*, 'nombre', o *animm,* 'alma'. Además de estos tipos más comunes, también hay inscripciones con un solo nombre, sin ninguna palabra formular que las acompañe.

TABLA 8
VARIANTES DE LA FÓRMULA ONOMÁSTICA

X MAQI *Y*	'*X*, hijo de *Y*'	ANM *X* MAQI *Y*	'El nombre/alma de *X*, hijo de *Y*'
X MAQI MUCOI *Y*	'*X*, hijo de la familia de *Y*'	ANM *X*	'El nombre/alma de *X*'
X MAQI *Y* MUCOI *Z*	'*X*, hijo de *Y*, de la familia de *Z*'	*X* AVI *Y*	'*X*, descendiente de *Y*'
X KOI MAQI MUCOI *Y*	'Aquí está *X*, hijo de la familia de *Y*'	*X* MAQI *Y* AVI *Z*	'*X*, hijo de *Y*, descendiente de *Z*'
		X CELI *Y*	'*X*, seguidor/devoto de *Y*'
X MUCOI *Y*	'*X*, de la familia de *Y*'	*X* NIOTTA *Y*	'*X*, sobrino de *Y*'
X MAQI *Y* MAQI MUCOI *Z*	'*X*, hijo de *Y*, hijo de la familia de *Z*'		

Fig. 20. Eglwys Cymmin, Carmarthenshire, Gales, *CIIC* 362.

El uso del irlandés INIGENA (irl. ant. *ingen*) y del latín *filia*, ambos términos para 'hija', permiten afirmar que nos encontramos ante un raro ejemplo de inscripción ogam dedicada a una mujer. De manera inusual, el nombre de la mujer aparece al final del texto irlandés, INIGENA CUNIGNI AVITTORIGES, 'de la hija de Cunignas (*Cuinén*), de Avitoria'. La versión latina, *Auitoria filia Cunigni*, significa lo mismo, pero el nombre ocupa el esperado primer lugar en la fórmula.

MUJERES EN LA ESCRITURA OGAM

Las inscripciones ogámicas ilustran claramente la diferencia entre el género femenino gramatical (de los nombres) y el sexo femenino biológico (de las personas). Solo dos de las más de 400 piedras, ambas en Gales, fueron erigidas inequívocamente como monumentos conmemorativos para mujeres. AVITTORIGES es reconocible como mujer por el hecho de que la persona recordada es referida como INIGENA 'hija'. En el caso de VELVORIA, la versión latina la denomina *filia*, 'hija'. Un posible tercer ejemplo de Gales está demasiado deteriorado como para realizar un análisis significativo.

En Irlanda, todas las personas para quienes se erigieron las piedras son varones. Sin embargo, esto no implica que no estén atestiguados nombres femeninos. En las piedras ogam irlandesas, a diferencia de las británicas, los nombres femeninos a veces aparecen en la fórmula de los nombres de los clanes, posiblemente refiriéndose a epónimos femeninos. Uno de ellos es DOVINIAS (irl. ant. *Duibne*) en una serie de epígrafes de *Corcu Duibne* en Kerry, región que todavía lleva su nombre (*Corkaguiny*). Otro es ERCIAS que aparece media docena de veces en el nombre personal bimembre MAQI-ERCIAS, 'hijo de-Erc' (irl. ant. *Mac-Ercae*). Sin embargo, en los nombres de clanes del período irlandés antiguo puede encontrarse la variante masculina *Uí Eirc*. Dado que las mujeres reales mencionadas como destinatarias del monumento o como madres son tan raras, parece más probable considerar estos ginecónimos como figuras mitológicas más que como ancestros prehistóricos genuinos, a menos que la sociedad irlandesa hubiera pasado abruptamente de una sociedad matrilineal a un sistema patrilineal unas pocas generaciones antes de la invención del ogam.

Por último, hay un pequeño grupo de andrónimos irlandeses que se comportan gramaticalmente como femeninos, por ejemplo: GOSSUCTTIAS y GOSOCTEAS (irl. ant. *Gúasacht,* 'peligro'), o CUNALEGEA (irl. ant. *Conlang,* 'salto de perro').

Fig. 21. Ráth Cruachan / Rathcroghan, Co. Roscommon, *CIIC* 12.

El nombre del padre MEDVVI en VRAICCI MAQI MEDVVI, 'de Vraicas (Fráech) hijo de Medvas (*Medb*)', es claramente masculino, sin embargo, en la tradición literaria medieval aparece utilizado por un personaje femenino, Medb, la mítica reina de Connacht. El nombre VRAICCI puede relacionarse con el héroe Fráech o Fróech que en el cuento *Táin Bó Froích*, 'La razia de ganado de Fróech', intenta casarse con la hija de la reina Medb. Resulta sugerente encontrar dos nombres estrechamente asociados con el ambiente literario de la corte real de Connacht, aunque la relación entre ellos indicada en el epígrafe no concuerde con lo conocido por las sagas heroicas.

Fig. 22. Cill Dalua / Killaloe, Co. Clare, *CIIC* 54.

En la parte central frontal de esta base de cruz, datada alrededor del año 1000, un vikingo grabó una inscripción rúnica en antiguo nórdico: (Þ)URGRIM RISTI (K)RUS ÞINA, 'Thórgrímr talló esta cruz'. En su lado izquierdo puede leerse un texto en irlandés medio: BEANDACHT (AR) TOROQR(IM) 'una bendición para Thórgrímr'. Su diseño sigue la práctica escolástica y su ortografía se ajusta a la ortografía del irlandés medio. La foto muestra el lado con el texto irlandés, en el dibujo pueden verse ambas inscripciones.

Los trazos y muescas de la escritura ogam están grabados en los bordes (*druimm* [drumi], 'cresta, espalda') de objetos, usualmente estelas de piedra. La piedra recibe varios nombres: *lië, ail, coirthe, gallán* o *cloch*. Cuando no existen bordes, una línea recta o una línea imaginaria puede funcionar en sustitución del borde. En general, las inscripciones van desde abajo a la izquierda hacia arriba, a través de la parte superior y luego hacia abajo a la derecha, a lo largo de la arista de la piedra, aunque ocasionalmente esta disposición puede variar. La herramienta con la que se realizaron los epígrafes probablemente se llamó *slegíne* o *slegín,* 'pequeña jabalina'. Dado que las inscripciones ocupan precisamente la parte más vulnerable de la piedra, los textos suelen estar deteriorados y las letras

EPIGRAFÍA

son difíciles de leer o directamente se han perdido. Un rasgo particularmente sorprendente en comparación con la tradición epigráfica mediterránea es que las piedras no suelen haber sido preparadas para ser inscritas, sino que fueron grabadas tal como fueron encontradas.

La función principal de las inscripciones ogámicas era conmemorativa. Las fuentes literarias las relacionan con los entierros. Las lápidas bilingües de Gran Bretaña a menudo contienen la fórmula funeraria *hic iacet,* 'aquí yace', en su versión latina. El hecho de que todas las inscripciones ogam conocidas tengan un único destinatario también apoya esta idea. Si su función principal hubiera sido demostrar el poder de las personas vivas, podría esperarse la mención de varios individuos de manera simultánea. Sin embargo, debido a la ausencia de evidencias arqueológicas, no se conocen por el momento enterramientos asociados directamente con estelas ogámicas.

Para escribir se reutilizaron ocasionalmente antiguos monolitos prehistóricos, es decir, objetos monumentales

Fig. 23. Fánchill agus na Coillte / Faunkill and the Woods, Co. Cork, *CIIC* 66.

El nombre MAQI DECCEDDAS AVI TURANIAS, 'de Maqqas-Deceddas (*Mac-Deichet*), nieto de Turania (*Tornae*)', puede identificarse con Mac-Deched mac Cuirp mac Aí mac Tornae recogido en las genealogías del clan Uí Thornae, que se remontan a un antepasado femenino llamado TURANIAS (irl. ant. *Tornae*). Con una longitud de 4,7 metros, es la estela ogam más alta, así como una las más antiguas según la evidencia lingüística.

que ya habían funcionado como marcadores territoriales en el paisaje durante generaciones. Las piedras ogam creadas *ex profeso,* es decir, que no usan monolitos preexistentes, suelen ser más pequeñas. Por el contrario, las propias piedras ogam podrían haber servido secundariamente como demarcaciones de fronteras territoriales, como señalan las referencias a tal práctica en textos legales. Además de como monumentos funerarios, las piedras pudieron utilizarse también para reforzar las aspiraciones de poder y hegemonía sobre un territorio de las distintas familias.

El ogam no resulta adecuado para manuscritos o superficies planas. Muy raramente se encuentran inscripciones ogámicas en objetos portátiles, como cuchillos, una perla, un peine u otros artículos de hueso y metal. Es posible que se utilizara sobre palos de madera (*menac; flesc*) para fines distintos a los de las inscripciones funerarias, pero contamos con pocas evidencias en el registro arqueológico. Las extrañas referencias a tal práctica en la literatura irlandesa se han considerado invenciones anticuarias. Por ejemplo, al final del relato ficticio *Immram Brain,* 'El viaje de Bran', después de llegar a la costa, a Bran y su tripulación no se les permitió tocar el suelo de Irlanda. La historia cuenta cómo tuvieron que contar sus aventuras desde su barco mientras la gente en la playa re-

Fig. 24. Buckquoy, Islas Orkney (Orkney Museums in Kirkwall).

De Escocia procede una interesante variedad de objetos con inscripciones ogam, como esta fusayola encontrada en 1970. La lectura BENDDACT ANIM L, 'una bendición para el alma de L', es uno de los pocos textos ogam que no menciona un nombre, quizás debido a la falta de espacio.

Fig. 25. Cuchillo de Gurness, Islas Orkney (National Museums of Scotland, n.° X.1997.290).

El cuchillo de Gurness, con mango de hueso, se utilizó en algún momento entre los siglos V y VIII. El mango porta la inscripción ogam IN[...]IT[...]TEMOMN MATS, cuyo significado no está claro.

gistraba su historia en ogam. El autor del cuento pudo haber inventado este uso "documental" del ogam proyectando la función de la escritura en Roma, bien en tablillas de cera, bien en pergamino, sobre el ogam de la Irlanda tardoantigua.

Al resultar inadecuado para el registro de textos de más de tres o cuatro palabras, no sorprende que el alfabeto latino acabara por imponerse para escribir la lengua irlandesa, de la mano del afianzamiento de la cultura escrita por influjo de la cultura cristiana. Sin embargo, pueden encontrarse extraños ejemplos de ogam garabateados en manuscritos, realizados para diversión de los escribas como distracción de sus tediosas tareas cotidianas. Estos textos ogámicos reformados no continuaron la tradición clásica con sus reglas ortográficas adaptadas a la fonética del irlandés primitivo temprano, que ahora resultaban obsoletas. En la práctica medieval y anticuaria, se sigue, por el contrario, el sistema ortográfico del irlandés antiguo en escritura latina, transliterado de nuevo a las letras ogam. Los signos que revelan este uso son la letra h para indicar lenición y la vocal i para indicar palatalización, dos prácticas de escritura ajenas al ogam temprano. En este ogam reformado, la dirección de escritura puede indicarse con una flecha. Las vocales, que en las piedras son muescas, generalmente se reemplazan por trazos transversales perpendiculares.

Fig. 26. Llandeilo, Carmarthenshire, Gales, *CIIC* 433.

El texto ogam ANDAGELLI MACV CAVETI, 'de Andagellas (**Indgell?*) hijo de Cauetas (**Cuäd?*)', concuerda con el latino *Andagelli iacit fili Caueti* en esta piedra bilingüe. Gracias a otras dos inscripciones monolingües latinas es posible establecer el árbol genealógico de esta familia. El hermano de Andagellas aparece en la inscripción *Coimagni fili Caueti*, 'de Coimagnas (*Cóemán*), hijo de Cauetas (**Cuäd?*)', procedente del mismo lugar (*CIIC* 434); la estela de su hijo se conserva en la cercana Maenclochog en Pembrokeshire: *Curcagni fili Andagelli*, 'de Curcagnas (*Corcán*) hijo de Andagellas (**Indgell?*)' (*CIIC* 441).

INSCRIPCIONES OGÁMICAS BILINGÜES

De las 400 lápidas ogámicas conocidas en Irlanda, solo tres o cuatro son bilingües en irlandés y latín, en el sentido de que contienen inscripciones en los dos idiomas. De hecho, no parece haber conexión entre los textos.

Irlanda y la Isla de Man han proporcionado algunas lápidas tardías de los siglos XI y XII que combinan el uso de runas y ogam. Aparte de estos ejemplos esporádicos, las piedras ogam bilingües se encuentran exclusivamente en Gales y otras partes de Gran Bretaña, lo que refleja el entorno multilingüe en el que fueron producidas.

Las inscripciones del suroeste de Gran Bretaña pertenecen al período temprano de la escritura ogámica. Se conocen algo menos de cincuenta documentos de este tipo en lo que formaba parte de la provincia romana de Britania; solo cinco de ellas son irlandesas monolingües. Las demás suelen contener versiones latinas o quizás británicas antiguas del texto irlandés. Cuando la parte irlandesa de una inscripción bilingüe es más breve que la latina, se puede sospechar que el latín es la lengua primaria, en el sentido de que es la lengua de prestigio y ocupa la posición prominente. Pero este no es el caso de todos los textos bilingües de Gran Bretaña. En algunas ocasiones no se puede identificar qué versión es la traducción y cuál la original, mientras que en otras el texto latino es más corto que el irlandés. Ocasionalmente las dos partes no parecen tener ninguna relación entre sí, pero esta impresión puede deberse al estado fragmentario de los textos.

En las inscripciones británicas se conserva la mayoría de las terminaciones de palabra, lo que indica que fueron escritas antes de la pérdida de las sílabas finales, en el siglo VI. Parece que, cuando se realizaron estas inscripciones, ya

Fig. 27. Strand in An Caisleán Nua / Newcastle, Co. Wicklow, 2021.
Los grafitis bidimensionales son una forma popular de utilizar la escritura ogam en los siglos XX y XXI. Este ha sido ejecutado artísticamente en un cubo de basura. Se lee BRUSCAR, 'basura', en irlandés moderno.

se contaba con una escritura estándar ogam bien establecida: a veces la parte latina muestra características lingüísticas más avanzadas que la parte ogam, como MACVTRENI, con confusión de Q y C en la escritura latina frente a la ortografía ogam conservadora MAQITRENI. De vez en cuando los nombres muestran terminaciones inesperadas, como si la flexión post-clásica del latín influyera en el irlandés.

Todas estas inscripciones evidencian el deseo de presentar la lengua nativa irlandesa en pie de igualdad con el más prestigioso latín. Si los escribas hubieran grabado las fórmulas onomásticas nativas en letras latinas, los textos irlandeses apenas se habrían diferenciado del latín, excepto por la palabra formularia MAQQI. El uso de las "exóticas" letras ogam ayudaba a resaltar la diferencia entre las dos lenguas.

Escocia no perteneció al Imperio Romano. Las inscripciones ogam locales fueron elaboradas por colonos irlandeses a comienzos de la Edad Media o por las poblaciones pictas autóctonas durante la segunda mitad del primer milenio e incluso más tarde. Su gran variación en estilo y género va más allá del objeto de este librito y, por lo tanto, no se discutirá aquí.

Ogam tardío

En el período post-clásico, la escritura, el contexto social en el que se empleaba y los géneros para los que se utilizaba se diversificaron. En Irlanda siguió considerándose el ogam como parte de la identidad cultural autóctona, incluso mucho tiempo después del final de su período clásico. Continuó siendo un punto de referencia para escritores e intelectuales durante toda la Edad Media y mucho después. En la medicina popular, por ejemplo, se creía que

Fig. 28. Castell Dwyran, Carmarthenshire, Gales, *CIIC* 358.

las letras ogam estaban imbuidas de tanto poder mágico como las letras lati-nas o griegas. Un hechizo contra la impotencia en un manuscrito médico de comienzos de época moderna recomienda "escribir el nombre del hombre en ogam en una vara de olmo y golpear al hombre con él". Se han atestiguado casos aislados de ogam en inscripciones sepulcrales de casi todos los siglos del período moderno. Sin embargo, su uso se ha vuelto muy popular gracias al resurgimiento gaélico de finales del siglo XIX, la independencia de Irlanda y el renacimiento cultural gaélico del siglo XX y, gracias a la disponibilidad del ogam en los medios digitales, en los últimos años del siglo XX y del XXI. Incluso hoy en día, se utiliza el ogam en contextos públicos y privados, ya sea como símbolo de la cultura irlandesa, por supuestas propiedades mágicas o por mo-tivos puramente ornamentales.

Censo de inscripciones

Habitualmente las inscripciones ogam fueron escritas sobre estelas de piedra, con una altura que oscilaba entre 0,5 y 3 metros. Otros soportes portátiles no son tan comunes, pero en torno a una docena se conservan en la actualidad. No se ha contabilizado para este censo los casos de escritura ogam en manuscritos.

I. Estelas y grafitos.

I.1. Irlanda: 411 (400 estelas en la República de Irlanda, según el *Irish Archaeological Survey,* + 9 en Irlanda del Norte).
   a. Piedras monolingües: *c.* 395.
   b. Piedras bilingües con latín: 2 + 2 casos dudosos.
   c. Piedra bilingüe con antiguo nórdico en runas: 1.
   d. Grafitos: 2.

I.2. Gales: 35 seguras + *c.* 5 inseguras (2-3 dedicadas a mujeres).
   a. Monolingües: 5.
   b. Bilingües con latín o británico antiguo latinizado: 35.

I.3. Cornualles y Devon: 6.

I.4. Inglaterra: 1.

I.5. Isla de Man: 8.
   a. Monolingües: 5.
   b. Bilingües con latín: 1.
   c. Bilingües con antiguo nórdico en runas: 2.

I.6. Escocia: 46.
   a. Unas 10 provienen de zonas gaélicas, el resto del área picta. En torno a media docena presentan claramente lengua gaélica/irlandesa, mientras que el resto podría estar en picto, o en una mezcla de picto, gaélico y nórdico, o en lenguas no identificables.
   b. Grafitos (en paredes de cuevas, rocas o bloques de construcción): 7.
   c. Piedras bilingües con latín: 4.

II. Objetos portátiles (de Irlanda excepto que se indique lo contrario):

II.1. Metal.
   a. Cuenco de bronce: 1.
   b. Broches de plata: 3 (uno de Inglaterra).
   c. Placa de bronce: 1.
   (d. Cantimplora de plomo: 1 [¡siglo XVIII!]).

II.2. Hueso, asta.
   a. Peines: 2.
   b. Dado: 1.
   c. Mango de cuchillo: 3 (Escocia, uno de Inglaterra).
   d. Ficha de juego: 1 (Orkney).
   e. Placa: 1 (Escocia).
   f. Púa (parte de brida): 1.
   g. Hueso de oveja: 1.

II.3. Piedra.
   a. Fusayola: 1 (Orkney).
   b. Piedra ogam en miniatura: 1 (Inglaterra).
   c. Losas (tablero de juego, placa con el alfabeto): 3 (Escocia).
   d. Molde de anillo: 1.
   e. Disco: 1 (Escocia).

II.4. Madera.
   a. Piezas de telar: 2.

II.5. Ámbar.
   a. Cuenta: 1.

III. Manuscritos.

Los textos ogam escritos con tinta en manuscritos no han sido examinados sistemáticamente para este censo. Actualmente se conocen alrededor de ochenta ejemplares de diversa extensión elaborados entre los siglos VIII al XIX. En la mayoría de los casos solo se escribieron en ogam palabras sueltas o nombres personales, pero el manuscrito Minchin, recientemente descubierto en la Biblioteca Nacional de Escocia en Edimburgo, consta de 66 páginas completas en ogam, escritas en Irlanda en 1849. La búsqueda de manuscritos ogámicos aún continúa.

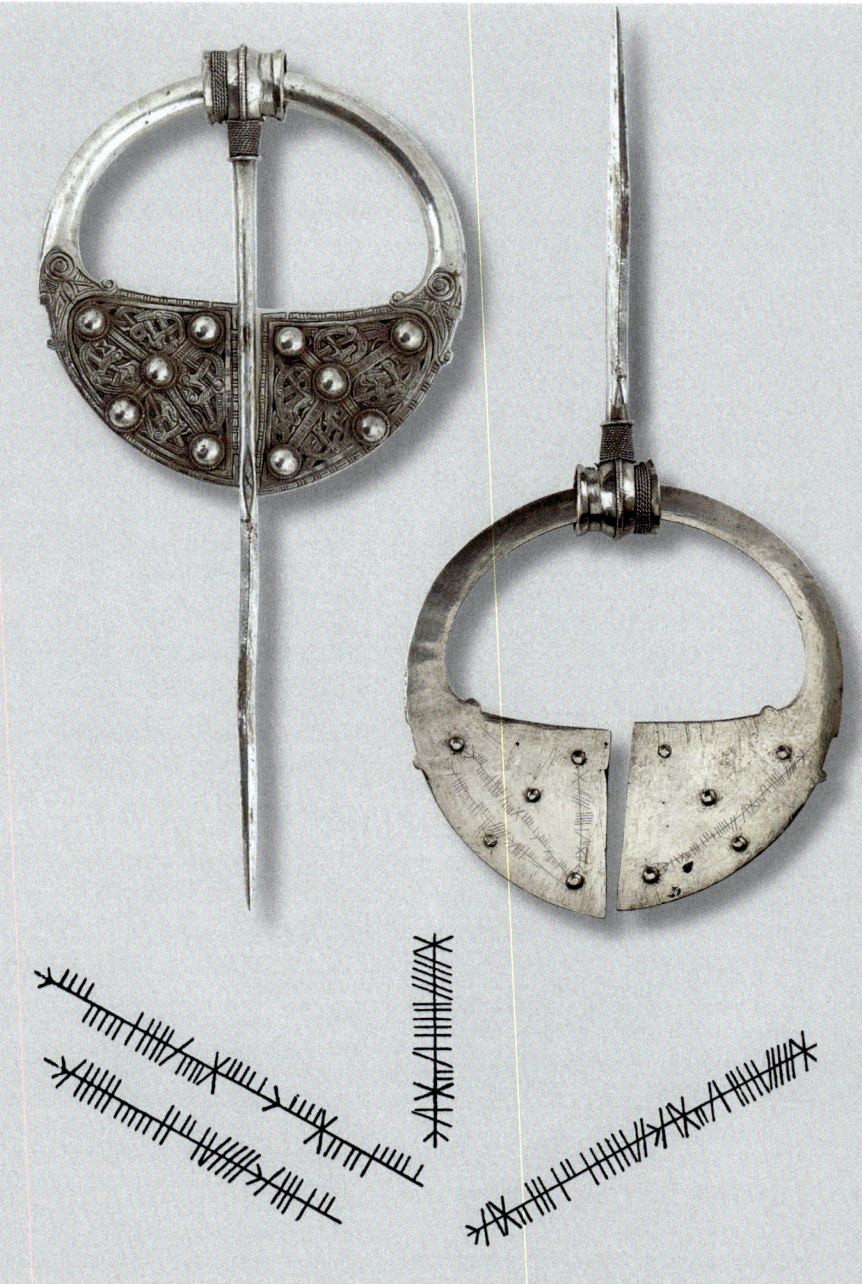

Fig. 29. Baile Uí Spealáin / Ballyspellan, Co. Kilkenny, *CIIC* 27 27 (conservado en el National Museum of Ireland, n°. IA:R89)

La fíbula Ballyspellan

Esta fíbula de plata fue descubierta por un granjero en 1806. Aparte del hecho de que se trate de un objeto pequeño y portátil, la inscripción ogam *CIIC* 27 también resulta peculiar por la disposición del texto en cuatro líneas y por contener varios nombres. Esta espléndida obra de arte se data tipológicamente en el siglo IX, lo que concuerda tanto con el idioma como con la ortografía, que muestran características propias del irlandés antiguo tardío. Las flechas indican el comienzo de las palabras y la dirección de escritura. Con una excepción, la letra E se escribe con *forfid* Ж.

DOS INSCRIPCIONES OGAM

Una sola mano grabó cuidadosamente todos los nombres de la parte posterior del broche:

1. CNAEMSECH CELLACH (*'Cnáimsech, Cellach'*)
2. MINODOR MUAD (*'Mínodor* el noble')
3. MAELMAIRE (*'Máel Maire'*)
4. MAELUADAIG MAELMAIRE (*'Máel Úadaig* (hijo de) *Máel Maire'*)

¿Se trata de los nombres de los sucesivos poseedores? Algunos de ellos aparecen en las genealogías reales de Osraige, en cuya región se descubrió la fíbula. Los nombres presentan una serie de características inusuales: *Mínodor* y *Máel Úadaig* parecen estar atestiguados solo aquí. *Múad* parece ser un adjetivo, a no ser que sea una abreviatura del nombre *Múadán*. *Cnáimsech* es un sustantivo femenino que en irlandés moderno significa 'partera', pero también puede usarse como nombre masculino. ¿Se mencionan a *Cnáimsech* y *Cellach* uno tras otro o es *Cellach* el padre de *Cnáimsech*? En ese caso su nombre no está en el esperado caso genitivo, sino en nominativo. Hay una marcada aliteración entre las palabras.

Bibliografía

Ch. Graves, "On a Silver Brooch, with an Inscription in the Ogham Character", *Proceedings of the Royal Irish Academy* 4, 1847-50, 183; R.A.S. Macalister, *Corpus Inscriptionum Insularum Celticarum*, Dublin 1945, 32-33; S. Ziegler, *Die Sprache der altirischen Ogam-Inschriften*, Göttingen 1994, 93.

La estela bilingüe de Voteporix

La estela bilingüe *CIIC* 358 fue descubierta en 1895 cerca de la iglesia de Castell Dwyran en Carmarthenshire (Gales).

Texto latino: MEMORIA VOTEPORIGIS PROTICTORIS (probablemente, 'monumento de Voteporix').

Texto irlandés: VOTECORIGAS

Bibliografía

J. Rhys, "Notes on the Inscriptions on the Tombstone of Votipores, Prince of Demetia", *Archaeologia Cambrensis* 5th ser. 12, 1895, 307-313; R.A.S. Macalister, *Corpus Inscriptionum Insularum Celticarum*, Dublin 1945, 342-343; Ch. Thomas, *And shall these mute stones speak? Post-Roman inscriptions in Western Britain*, Cardiff 1994, 82-83; E.P. Hamp, "Voteporigis Protictoris", *Studia Celtica* 30, 1996, 293; P. Sims-Williams, *The Celtic Inscriptions of Britain: Phonology and Chronology*, Oxford 2003, 346-347; N. Edwards, *A Corpus of Early Medieval Inscribed Stones and Stone Sculpture in Wales. Vol. II. South-West Wales*, Cardiff 2007, 202-206 (CM3); Th. Charles Edwards, *Wales and the Britons 350-1064*, Oxford 2013, 174-175.

El antiguo nombre británico *Voteporix* es un compuesto del proto-celta *$*\underset{.}{u}otek^{u}o$-* 'refugio' (galés *godeb*) y *$*r\bar{\imath}x$*, 'gobernante'. Por lo tanto, el nombre puede traducirse como 'gobernante-refugio', un gobernante que brinda refugio o protección. Esta podría ser la traducción britónica del título latino *Protector*, en cuyo caso la inscripción no solo sería bilingüe, sino trilingüe. Se ha sugerido identificar a este individuo con el tirano *Vortiporius* mencionado hacia el año 540 en *De Excidio Britanniae* de Gildas. Sin embargo, los nombres no son idénticos. Este último se escribe consistentemente con el adverbio *$*\underset{.}{u}or$-*, 'sobre, encima', mientras que el nombre del individuo de la piedra lo hace con el adverbio *$*\underset{.}{u}o$-*, 'debajo'. Aun así, no se descarta una conexión entre los dos individuos. *Voteporix* y *Vortiporius* podrían pertenecer a una familia que empleaba elementos léxicos similares para sus antropónimos. *Voteporix* podría ser un antepasado del rey mencionado por Gildas, en cuyo caso la piedra ogam dataría de antes de mediados del siglo VI.

En la versión irlandesa de la inscripción, el nombre aparece como VOTECORIGAS. El irlandés antiguo no posee un reflejo del proto-celta *$*\underset{.}{u}otek^{u}o$-* 'refugio'. Este hecho sugiere que, aunque VOTECORIGAS parece un nombre perfectamente irlandés, probablemente sea el equivalente conscientemente gaelizado de VOTEPORIGIS, donde cada sonido del nombre británico ha sido reemplazado por su equivalente fonético en irlandés. Esto es lo esperable para /p/, que tuvo que ser sustituido por /k/ ya que era extraño para el irlandés. El uso de la letra C en lugar de la anterior Q sitúa la inscripción después de que la labiovelar *$*k^{u}$* hubiera perdido su elemento labial a principios del siglo VI. Se revela así una conciencia lingüística de las correspondencias fonéticas entre británico e irlandés y demuestra que las piedras ogam bilingües de Gales no solo se utilizaron para traducir los nombres de individuos genuinamente irlandeses en su idioma materno y en la prestigiosa lengua latina, sino que la relación también pudo ir en la dirección opuesta. Alguien consideró apropiado adaptar al irlandés el nombre de una persona de alto estatus de nombre británico. Esto añade una capa adicional de complejidad a la cuestión de los niveles relativos de prestigio entre las distintas lenguas.

La introducción de referencia a la historia, desarrollo y uso del ogam es D. McManus, *A Guide to Ogam,* Maynooth 1991. El manual estándar para cuestiones de lingüística y léxico es S. Ziegler, *Die Sprache der altirischen Ogam-Inschriften*, Göttingen 1994. La evolución de la lengua irlandesa a través del ogam es analizada en detalle en P. Sims-Williams, *The Celtic Inscriptions of Britain: Phonology and Chronology*, *c*. 400-1200, Oxford-Boston 2003. D. Ó Corráin, *Clauis Litterarum Hibernensium. Medieval Irish Books & Texts (c. 400-c. 1600)*. Vol. 1, Turnhout 2017, 1-15, y *Ogham in 3D* (ver más adelante) contienen bibliografías sistemáticas. Las inscripciones conocidas hasta la mitad del siglo XX están recogidas en R. A. S. Macalister, *Corpus Inscriptionum Insularum Celticarum* (*CIIC*), Dublin 1945. La principal colección

ORIENTACIÓN BIBLIOGRÁFICA

online es N. White, *Ogham in 3D*, Dublin Institute for Advanced Studies 2013- (URL: https://ogham.celt.dias.ie/menu.php?lang=en). Dos *corpora* online pioneros, sin continuidad desde comienzos de los 2000, son el catálogo de J. Gippert para el Proyecto TITUS (URL: http://titus.fkidg1.uni-frankfurt.de/ogam/frame.htm), y el de W. Davies, *Celtic Inscribed Stones Project* (*CISP*), 2002 (URL: http://www.ucl.ac.uk/archaeology/cisp/database/), útiles como fuentes bibliográficas de la investigación más antigua.

Las 27 piedras ogam alojadas en el corredor del University College de Cork están editadas en D. McManus, *Ogam Stones at University College Cork*, Cork 2004. Las piedras de Escocia se recopilaron en la tesis doctoral de K. Forsyth, *The Ogham Inscriptions of Scotland: An Edited Corpus*, Ann Arbor 1996; para éstas puede verse también S. Rodway, "The ogham inscriptions of Scotland and Brittonic Pictish", *Journal of Celtic Linguistics* 21, 2020, 173-234.

Varios catálogos de las inscripciones en piedra del sur de Gran Bretaña, la antigua provincia romana de *Britannia*, incluyen piedras ogam: V. E. Nash-Williams, *The Early Christian Monuments of Wales*, Cardiff 1950; E. Okasha, *Corpus of Early Christian Inscribed Stones of South-west Britain*, Leicester 1993; Ch. Thomas, *And shall these mute stones speak? Post-Roman inscriptions in Western Britain*, Cardiff 1994.

Estas obras han sido superadas por los tres volúmenes de *A Corpus of Early Medieval Inscribed Stones and Stone Sculpture in Wales*: M. Redknap and J. M. Lewis, Vol. I. *South-East Wales and the English Border*, Cardiff 2007; N. Edwards, Vol. II. *South-West Wales*, Cardiff 2007; N. Edwards, Vol. III. *North Wales*, Cardiff 2013. Los capítulos "3. Inscriptions" y "4. The Britons and the Irish, 350-800", del libro de Th. Charles Edwards, *Wales and the Britons 350-1064*, Oxford 2013, 116-191, trata las inscripciones ogam galesas en su contexto histórico. El blog de A. West *BabelStone Blog* (URL: https://www.babelstone.co.uk/Blog/ogham.html) provee de información útil sobre las inscripciones y sus soportes en Gran Bretaña.

Para aspectos particulares del alfabeto puede consultarse: D. McManus, "Irish letter-names and their kennings", *Ériu* 39, 1988, 127-168, y P. Sims-Williams "The additional letters of the Ogam alphabet", *Cambridge Medieval Celtic Studies* 23, 1992, 29-75 y "Some Problems in Deciphering the Early Irish Ogam Alphabet", *Transactions of the Philological Society* 91/2, 1993, 133-180. A. Harvey ha defendido una temprana creación del alfabeto ogam en: "Early literacy in Ireland: the evidence from Ogam", *Cambridge Medieval Celtic Studies* 14, 1987, 1-15; "Problems in dating the origin of the Ogham script", en: J. Higgitt, K. Forsyth y D. N. Parsons (eds.), *Roman, Runes and Ogham. Medieval Inscriptions in the Insular World and on the Continent*, Donington 2001, 37-50; "Languages and Literacy in Mid-First-Millennium Ireland: New Questions to Some Old Answers", en: N. Edwards, M. Ní Mhaonaigh y R. Flechner (eds.), *Transforming Landscapes of Belief in the Early Medieval Insular World and Beyond. Converting the Isles II*, Turnhout 2017, 47-63. C. Swift, *Ogam stones and the earliest Irish Christians*, Maynooth 1997, estudia las inscripciones a la luz de la aparición del cristianismo en la Irlanda alto-medieval. E. Poppe, "Writing systems and cultural identity: ogam in medieval and early modern Ireland", *Language and History* 61/1-2, 2018, 23-38, subraya la importancia del ogam para la identidad cultural de Irlanda en época moderna. La obra medieval irlandesa *Leabhar Oghaim*, "El libro de ogam" fue editado en G. C. Calder, *Auraicept na nÉces. The Scholars' Primer*, Edinburgh 1917 (repr. Dublin 1995), 272-313.

Para otras lenguas célticas antiguas pueden verse los volúmenes en esta serie: D. Stifter, *Celta Cisalpino*, Zaragoza 2020; A. Mullen y C. Ruiz-Darasse, *Galo*, Zaragoza 2018; F. Beltrán y C. Jordán, *Celtibérico*, Zaragoza 2017.

EDITORS

F. BELTRÁN LLORIS (Universidad de Zaragoza)
B. DÍAZ ARIÑO (Universidad de Zaragoza)

SCIENTIFIC COMMITTEE

E. BENELLI (CNR, Roma)
M.-L. HAACK (Université de Picardie, Amiens)
R. HÄUSSLER (University of Wales, Lampeter)
E. R. LUJÁN (Universidad Complutense, Madrid)
S. MARCHESINI (Alteritas, Verona)
E. ORDUÑA AZNAR (Instituto El Pont de Suert)
P. POCCETTI (Università di Tor Vergata, Roma)
D. STIFTER (Maynooth University)
C. RUIZ-DARASSE (CNRS, Bordeaux)

COST is supported by the EU Framework Programme Horizon 2020

The authors are outstanding scholars from the fields of
Linguistics, History and Philology. All of them are members
of the *AELAW network (Ancient European Languages
and Writings),* which is integrated in the European COST
framework.

ISBN 978-84-1340-985-6

EMBAJADORAS Y ESPÍAS

ELENA TORREGARAY PAGOLA

PRENSAS DE LA UNIVERSIDAD DE ZARAGOZA / EDITORIAL UNIVERSIDAD DE SEVILLA

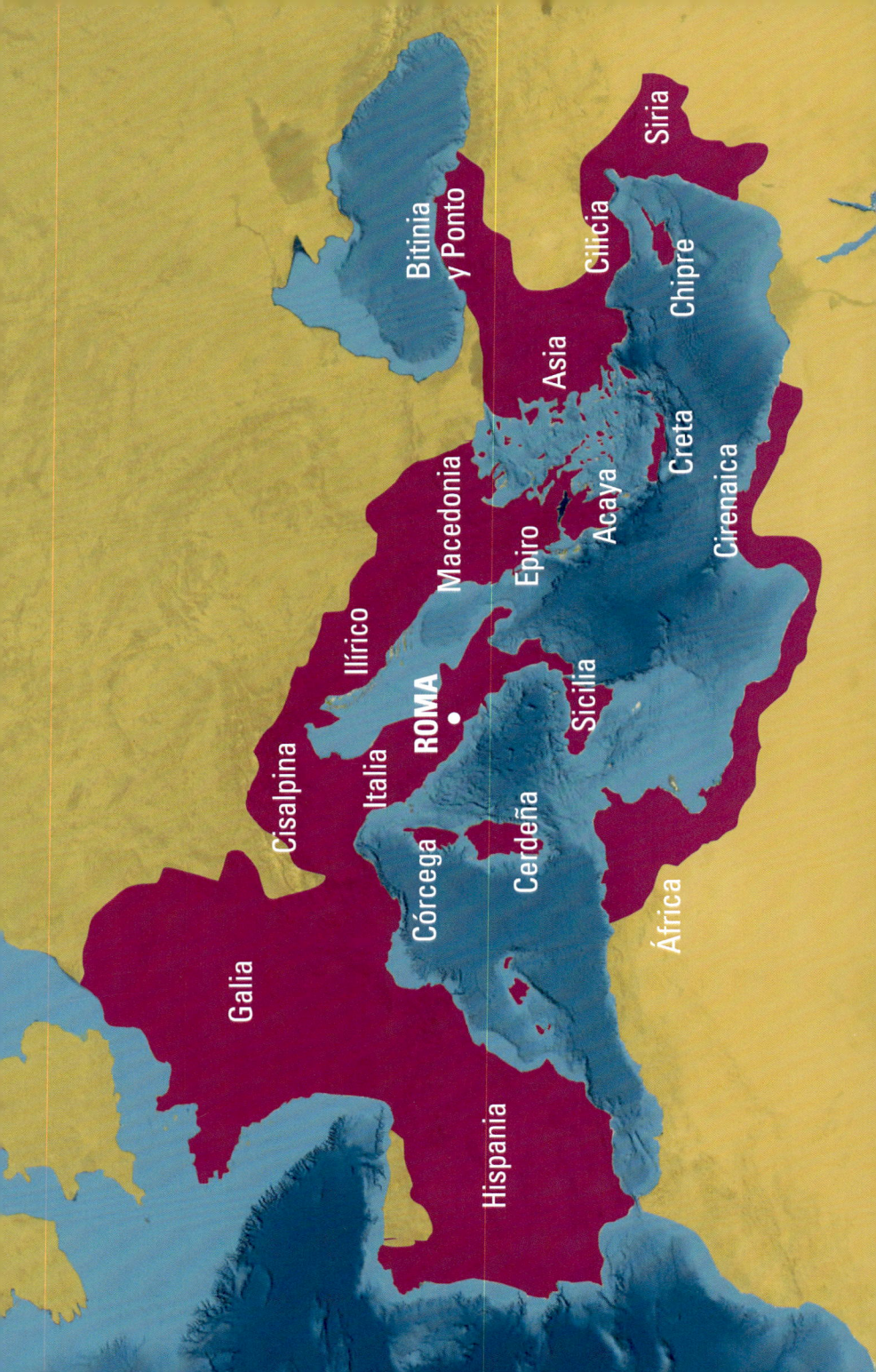

Bitinia y Ponto

Siria

Cilicia

Chipre

Asia

Creta

Cirenaica

Macedonia

Acaya

Ilírico

Epiro

ROMA

Italia

Sicilia

Cisalpina

Cerdeña

Córcega

África

Galia

Hispania